EQUITY INCENTIVE

股权激励

实战操作全方案

张锐　王楠◎著

台海出版社

图书在版编目（CIP）数据

股权激励 / 张锐, 王楠著. -- 北京 : 台海出版社, 2016.12（2021.1重印）

ISBN 978-7-5168-1206-8

Ⅰ. ①股… Ⅱ. ①张… ②王… Ⅲ. ①股权激励—研究 Ⅳ. ①F272.923

中国版本图书馆CIP数据核字(2016)第288550号

股权激励

著　　者：张　锐　王　楠

出 版 人：蔡　旭　　封面设计：久品轩

责任编辑：刘　峰

出版发行：台海出版社

地　　址：北京市东城区景山东街20号码　邮政编码：100009

电　　话：010—64041652（发行，邮购）

传　　真：010—84045799（总编室）

网　　址：www.taimeng.org.cn/thcbs/default.htm

E - mail：thcbs@126.com

经　　销：全国各地新华书店

印　　刷：北京柯蓝博泰印务有限公司

本书如有破损、缺页、装订错误，请与本社联系调换

开　　本：710毫米 × 1000毫米　1/16

字　　数：227千字　　印　　张：17.75

版　　次：2017年2月第1版　　印　　次：2021年1月第4次印刷

书　　号：ISBN 978-7-5168-1206-8

定　　价：46.00元

序

股权激励是一种利益共享，也是一种竞争手段。有人认为，股权激励是上市公司的游戏。其实不然，非上市公司为了合理激励员工，分散资金压力，激活“上下同欲”的价值体系，推行股权激励政策是不二选择。

在中国的市场现状中，中国民营企业的发展缺少持续性，能坚持十年的公司已经算是平均寿命之上。究其原因，或许在公司发展的某一个阶段，急剧增加的人力资源成本、组织架构的膨胀，引发了一系列的问题。

公司陷入两难境地：因为对员工的工作状态无法掌控，老板不敢授权给员工，但是这样做使得老板自己焦头烂额，企业整体效率低下。可是有时候真的授权给职业经理人，又会有因为信息不对称而导致的经理人不作为现象。

这些都是亟待解决的问题。选择股权激励，不失为一个最佳办法。

股权激励的根本，是将企业利益与激励对象的利益进行捆绑，因此，它也被称为企业发展的“王牌”。

使用王牌，更加需要方式和策略。绕开误区、规避风险，才能将股权激励的优势发挥到极致。希望有越来越多的企业掌握股权激励的精髓，希望中国可以诞生越来越多的优秀企业。

目　录

第四章 | 因地制宜：股权激励常用工具的使用

第五章 | 综合运用：发展出属于自己的组合方式

第六章 | 十大要素：合理运转系统工程

第七章 | 实施方法：如何进行股权激励

第八章 | 执行细则：体系要素的相互支持

第九章 | 统一规划：股权激励因时因地因人而异

第十章 | 安全防范：股权激励的风险预估

后记

附录一 | 中国证监会股权激励有关事项备忘录1号

附录二 | 中国证监会股权激励有关事项备忘录2号

附录三 | 中国证监会股权激励有关事项备忘录3号

第一章

思维突破：经营企业的核心是经营人

1. 激发员工“核动力”

在物理学里有这样一个自然现象：凡是动力，只要给予其一定的加速度，该动力的能动性就会增强，动力感受到的加速度越大，所表现出来的能动性就越强。在某个既定的团体中，这样的现象也是固有的元素，如课堂上的学生受到了鼓励会增加学习的动力，战场上的士兵受到了鼓舞会增加战斗力，同样，企业的员工受到了激励会提升自身的工作效能。因此，适时恰当地激发员工的“核动力”是企业经营和发展的核心部分。

人力资源上有句俗语：“人尽其才，才尽其用。”在员工激励的举措上，也要讲究“天时地利人和”，好钢一定要用在刀刃上，这样才能使激励政策起到最优功效。

那么，什么时候才是员工激励政策最佳“开放”时间呢？

就一般情况而言，员工新入职进入一个新的环境、受到工作上的挫折以及取得一定工作成绩时更需要得到来自公司及领导层的激励。这种员工激励政策可以包括物质、奖金、职位晋升、给予学习机会……甚至一些鼓励的言语也都能够起到激发员工的作用。

在德国，很多企业会通过与员工“共同参与决策”来激励员工。

例如，一些德国企业组建“工厂委员会”，所有工厂委员会的成员均由各部门的基层员工选举产生，工厂委员会成员严禁管理阶层人员“混人”，以确保基层员工绝对公平地参与决策的权利。在这些德国企业中，工厂委员会的协商建议会被列入董事会决策、监事会制衡等内容中，在不定期与企业决策者举办的联合会议上被吸纳。

法律上也给予工厂委员会一定的合法保护。如：法律相关条文规定，企业雇主有义务将企业相关文件及各种信息告知工厂委员会，特别是涉及财产、生产、流程、工艺等变更方面，要第一时间让工厂委员会知晓。一些员工超过1000人的企业，企业决策者需要每三个月向工厂委员会报告一次公司经营情况，而且必须以书面形式。

工厂委员会权力堪比决策层，他们对企业一些重大的决策和举措具有发表看法和提出建议的权力。特别是与员工切身利益息息相关的工作时间、工资薪酬、奖金福利等方面，工厂委员会不仅限于发表建议，更具有共同决策权。一旦公司发生因劳动条件的更改而损害员工人性化的需求的情况，工厂委员会有权力要求企业雇主改变变更的劳动条件，并对员工予以相应的赔偿。

在中国，“互联网大鳄”马云无疑是众多成功领导者中最具代表性的一位了。

“我一直坚持一个观点，没有吃亏的员工，只有吃亏的老板。老板亏待员工，员工亏待客户，客户亏待老板！就是这样一个简单的理！另外，让优秀的员工吃亏了，老板自己损失最大。”马云坚持认为，最好的员工激励政策就是让员工赚更多的钱！

不过，马云最擅长的激励员工的方法是“成长激励法”。

阿里巴巴有位优秀员工，几乎每一年的年终评选都是全A，然而这一年，部门更换了新领导，新领导在年终的测评成绩上给这名员工的评分是B，该名员工感觉像是受到了很大的欺辱一般去找马云抱怨。马云听了该名员工的“投诉”后这样说：“我不知道你的领导对你的年中评价是否公平，但我知道你是一个想要做大事的人，做大事的人要不计较小事，男人的胸怀是由委屈撑大的，学会这一点，你能走得更远、更好。”

马云的回答，既维护了部门新任领导的威望，也准确捕捉到该名员工的内心思绪，通过对员工的肯定——“你是做大事的人……男人的胸怀是由委屈撑大的……”，以及对员工成长的规划——“学会这一点（用委屈撑大男人的胸怀），你能走得更远、更好”来激励员工。

美国心理学、管理理论、行为科学专家弗雷德里克·赫茨伯格在他创始的“双因素理论”中这样认为，人的生理需求分为生理、安全、社会、尊重和自我实现需求四个部分，其中社会需求起着维持的辅助作用，而尊重需求和自我实现需求是能够起到“被激励”的元素。

可以说，员工在备受尊重和实现自我时，是最受鼓舞的，也是激励举措最见效果的时机。因此，激发员工的“核动力”应以实现员工自我价值为出发点。公司每个岗位的员工都有权利获得自我实现的价值，管理者也要审时度势，因人而励！

一天夜里，某公司的一名清洁工在公司保险柜被窃的时候与盗窃者展开了殊死搏斗。事情惊险地过去之后，不止一人疑惑，一名普普通通的清洁工，甚至只是这家公司的一名临聘人员，为何会表现出为了公司财产不顾性命的举动？对此，这名清洁工表示：每当公司经理从他身边经过时，都会赞美他，他打扫得非常干净。

一句再简单不过的赞美，在一个几乎被很多人忽视的角色——清洁工的心里是多么的重要，甚至激发了员工无上的责任感，将公司的利益视同自身利益般维护。

管理相对于激励往往是被动的，做好员工的激励是做好管理和经营的核心。

个体处于不同的空间环境下，均有着不同的有待实现的需求，这就是员工希望得到激励的根源。因此，实施激励政策的领导者就需要从这个有待实现价值的根源入手。比如，生产线上的中年员工，因为涉及上有老下有小的问题，对金钱等物质激励需求更强；刚刚步入社会的青年才俊，最需要得到满足的是尊重、成长以及发展前景，那种对员工成长的肯定和承诺是对这类员工最有效的激励；企业的中层管理者往往对奋斗的目标更有情怀，他们历经了初出茅庐的莽撞，距离中年还有相当遥远的奋斗过程，对于这类人施以目标激励、事业成功对等、人生价值和使命的激励最为有效。

总之，给员工充分可实现的未来，是最大的激励！

2. 与利益相关者共赢

世间万物皆有利益所向，如：嬉戏的孩童希望通过游戏获得快乐；努力实现社会价值的公民希望通过劳作获得丰厚收入，购买物质和精神食粮；就连花园中绽放美丽吐露芬芳的花儿也迫切希望通过自己的妖娆而获得万物的垂涎与赞美……可以说，在某种程度上，生命的价值就在于不断满足自身“欲望”，而这种欲望的满足便是我们所言之的利益获得。与同一利益有关联的个体，便是利益相关者。

自人类历史上有了商品交换，就有了利益相关者的存在，当今社会的利益相关者可视为某一组织内部决策与执行者、外部受决策与活动影响的任何相关者。如：企业的服务或商品购买者、为商品购买者提供服务和制作商品的工作人员、为服务或商品提供原材料的供应商、同一领域可提供类似服务或产品的竞争者等。这些利益相关者也可理解为某一企业股东及债权人等对公司现金流有要求权的人。

利益本是独我且越多越好的，为什么要分给自己的“竞争者”，还要与他们共享成功果实呢？答案是：利益共赢乃企业可持续发展最关键的因素。

决策者将企业发展的筹码押注于利益共赢者身上，某种意义上说是一种“信任经济”的较量。当全世界都在创新机制下武装自己，中国的“大众创业，万众创新”也驱动着企业家们更新企业固有盈利模式。企业若要经久不衰，需要企业决策者学会与其利益相关者“做朋友”。

既然做了朋友，就要考虑到每个朋友的需求是否在你（企业决策者）这里得到了满足。“水能载舟，亦能覆舟”，“朋友”是绝对可以影响到企业商业模式的强大组织，利益共赢者对企业的发展影响巨大，无论是内部利益共赢者还是外部利益共赢者，他们都在企业战略发展中充当着主人翁的角色，从空间上绝对能将企业的战略布局扩大到你无法设想的维度。对于企业决策者来说，这是新商业模式的机会，也是创新发展的价值源点。

2013年，当某些外资药企在华发展遭遇瓶颈时，美国强生、默克却迎难而上，高调宣布在华注资。在强生公司的信条中，消费者、员工以及社区的利益优先于股东利益，用公司前首席执行官詹姆斯·伯克的话来说，这么做“能确保所有利益相关者的利益最大化”，利益共赢者的利益最大化了，意味着企业也得到了不朽的财富。

伯克坚持用利益相关者共赢的理论指导强生和默克两家公司商业运营，并使得这两家美企从过去的半个多世纪以来成为世界运营最成功的公司。那么，伯克是如何做到的呢？

我们都知道美国是社会福利保障做得比较有代表性的国家之一，在这样的发达国家中，医疗体制在国民的生活观念里极具价值意义。强生的利益相关者们包括医生、护士、医院和所有消费者，伯克设定了一个明确的强生使命——强生为所有利益相关者服务！20世纪80年代，发生在芝加哥的“泰诺胶囊中毒事件”曾一度让强生濒临灭亡，但詹姆斯·伯克坚持“利益共赢者”至上，在尽可能满足多方利益共赢者的需求下采取最合适的解决方法，最终度过了强生最危急的那段日子。而这次事件过后，詹姆斯·伯克声名鹊起！

默克创始人乔治·默克同样对他的员工强调："要永远记住：药品是为人而制的，而不是为了利润，利润是随之而来的。如果我们牢记这一点，我们就不会失败，我们记得越牢，效益就会越好。"默克的企业价值观核心是保障和提高人们的生活水平，正是这个高尚的目标决定了默克成为世界药品的领导者。

可见，利益相关者共赢的模式的确可以成功复制，那么，到底如何去实现利益相关者的共赢呢？

首先要明确：企业利益共赢者有哪些？这些利益共赢者有待满足的需求是什么？他们又能在满足自身需求的同时为企业创造哪些更高的价值？

管理学家彼得·德鲁克认为：企业或组织建立的基础不是强制，而是信任。这种信任应用于经济时代的竞争环境是企业急速转型、创新集成的严峻挑战和最强筹码，可谓机遇与风险并存，这也是"信任经济"的重要性。

20世纪90年代末，百事公司响应国家号召，在内蒙古达拉特旗的一片荒废区域，采取公司＋农户、节约用水带动农牧业发展的模式种植起了土豆，并得到当时的总理温家宝同志的肯定。百事的马铃薯种植产业极大地改善了当地的自然环境，2001年，百事斥资10万美元修建了一条带领内蒙古百姓改善民生的财富之路。

百事农场的成功运营成了当地政府招商引资的"榜样力量"；为当地农民提高了生存技能，带给其生活质的改善；为农业人才提供了一片拓展才华的广阔天地；特别是原料成本的降低为百事公司股东带来了良好的经济利益，同时，充足和高品质的原料供应保障了消费者的美味健康。这种成功的农场运作模式得到了广泛好评，世界各国在供应链上竞相模仿、复制和传播。

当苹果引航质的时代、三星独领量的风骚时，你是否曾怀疑过华为的

“黑马出道”到底能否跻身国民的视野？是的，华为，正以迅雷不及掩耳之势横扫中国科技时代！而这一切的最大功臣就是华为的股权激励政策。在接下来的篇章中，我们也会在细节上加以描述，如华为创业期的股票激励、网络经济泡沫时期的股权激励、非典时期的自愿降薪运动、新一轮经济危机时期的激励措施等，均以铁一样的事实证明了，企业经久不衰的成功法则关键就是——与利益相关者共赢！

3. 权力分化的作用

《汉书·游侠传·万章》一书中有文："与中书令石显相善，亦得显权力，门车常接毂。"此处，权力以权位、势力的释义出现在中国的古代。

现代企业中，管理者的权力多指其职位权力——所处岗位的正常职权或正式权力，除此之外的管理者权力则来源于其个人的人格魅力、影响力等。无论是国企、民企、外企、合资还是各级政府，管理者或管理层的职权总是徘徊于集权、分权或两者交杂之中。

无论是集权还是分权，都是决策者在领导活动中行使决策权时对部属的态度和表现形式，是上级对下级任务分配的格局，而这个格局的狭小与宽广，则决定着企业的生存与发展，也影响着决策者的领导体质及企业的组织体制。

在企业发展历程中，必定会经历集权与分权的过程，这与时代和行业背景密不可分。通常情况下，企业发展到一定规模之后，从长远立场出发，决策权是需要进行相应分化的。我们所说的权力分化是指决策权在很大程度上分散到处于较低管理层次的职位上，是以下属为中心的领导方式。例如，企业初创期，行政、人事、财务、营销等活动方式会集中在决策者手里，当企业发展到一定规模之后，企业组织架构搭建完善，以上职能便会落实到相关职能部门及部门负责人身上，以促进企业跨越式大发展。

领导者的权力是一把双刃剑，正如领奖台上接受光环与赞誉的圣者，拥有绝对的掌声，也因此付出了超乎寻常的努力和代价。企业的领导者在享有管理者权力的同时也要承担企业发展的风险、竞争的挑战、行业的稳定……企业领导者的权力完全来自于企业组织赋予其的至上荣耀，因此，领导者行使权力的前提必定是维护企业组织及员工们的切身利益，倘若行使权力的人未按规则使用，恐怕到头来得到的只能是惨痛的代价。这也充分体现出，权力集中在领导者个人手中的危险系数超大，按照一定科学规则分权则具有事实性意义。

权力分配的作用最直接也最关键的一点就是制衡，因此也被称为“分权制衡”。分权制衡在西方发达国家被普遍运用于政治体制和一些国家性管理活动中，民主革命之后在西方被广泛应用，依据不同的性质，所表现出的具体行使方法也不同。分权在现代企业管理中的作用，一是制衡管理权过分集中于领导者个人手中，从而影响企业的健康发展；二是充分发挥底层组织及其成员的主动性和创造性。但这种分权管理并不是将决策者的所有权力全部拿出来分配，其中少数关系到全局利益和重大决策性问题的决策权还是集中在决策者手里。

企业分权管理的主要表现形式为决策权部门化，企业向下层层授权，使每个部门都拥有一定的权力和责任，从而实现提高管理效率、创造更高价值的目的。

众所周知，美的集团——一家以家电制造业为主的大型综合性企业，正是通过规范的分权体系获得了巨大的价值回报。

在制造业企业内，相当一部分的流程体系都属于管控类。这类流程体系的本质为审批流，即一个完整的审批流程，这就涉及人人管控，层层把关。美的集团对他们的审批流采取了高度的分权管理模式，从而使得业务流程更简洁，审批更快速，产出更高效。

以美的集团一单千万元实验室的招标项目为例，这个项目的招标小组组长就有着充分的对投标、竞标供应商进行选择的权力。尽管有关招标的压力和责任全部积聚于招标小组组长的身上，但正是这样的压力与责任，使得招标小组组长自身综合能力得到淋漓尽致的展现，所有的积极性、主观性得到超强爆发，最终形成决策性意见。企业领导者依据该意见签字、决策。

在美的集团，分权管理很大程度上维系着企业的狼性文化，支撑美的的超快速发展。美的员工每时每刻都如同上满了劲儿的齿轮，拼命不停歇地运转，仿佛稍有懈怠就会功亏一篑。每一个美的人都期待着挑战，享受着每一次战胜挑战的胜利喜悦和前行动力，每一天都努力地学习并将学习成果科学地运用于工作当中。曾有一位美的的高管如是说：在美的，一个刚刚走出校园的毕业生成长只要半年足矣，这多半要归功于美的的分权管理制度赋予了员工们足够的成长机遇，这份来自于分权管理的责任和义务就是美的员工奋力的“加速度”。

国务院批准组建的涉及国家安全和国民经济命脉的国有大型重要骨干企业——中国储备粮管理总公司（以下简称中储粮总公司）在其成立12年之际进行了具有历史性意义的重大管理体制改革，即原有的总经理“一把手负责制”改为“董事会体制”。为避免体改后的中储粮总公司重现董事长“一把手负责制”，国资委对六成以上的董事会成员采取了外聘的办法，并禁止共识会成员与经理层成员的交叉任职，从而实现公司决策权与执行权的“分权制衡”。

总部设于芝加哥、拥有450个分公司、经营着近万种产品的美国大型联合公司——比特丽公司在其战略发展与迅速扩张的步履下，也是通过相对科学的分权管理才得以快速发展的。比特丽公司对下属各分公司均采取分权管理形式，允许购买的新公司继续保持原有生产管理结构，从而成为众多没有统一目标且没有共同联系的子公司组成的联合公司。直到1976年，德姆成为新一任比特丽公司董事长，他意识到，分权管理至关重要，但比它更重要的是如何科学地分权，使分权管理成为企业增值的有效手段。

德姆认为，如果继续维持原有的分权制度，就要增加几个“护栏”：首先，要给每个子公司增派参谋人员，直线负责子公司与集团总公司之间的联系；其次，统一所有子公司的发展目标，化零为整协同并进；最后，增设各公司绩效考核制度，一方面激励企业及员工的工作积极性，提高工作效率，另一方面鼓励优秀员工“更上一层楼”。在德姆的坚持下，比特丽公司战略发展突飞猛进，成为那个时代国际舞台上屈指可数的榜样力量。

以上几个案例充分说明了，分权管理不仅是政府及其职能部门在当下时代的发展所需，也是各企业战略发展的动力元素。科学、规律的分权制度是企业战略发展的命脉，毫无竞争优势的分权管理则会背道而驰，使企业陷入万劫不复的深渊。那么，如何充分发挥企业的权力分化优势作用，你是否已经找到了最佳的答案？

4. 格局决定结局

《财富》杂志主编吉夫科文曾经说过这样的人生格言："企业家的格局决定企业的结局，企业家的高度决定企业的高度、广度。"在企业与企业家之间形成了千丝万缕的纽带之后，他们彼此影响、彼此制约的因素便落实在了成长历程的各个阶段。领导者的格局以其开阔的眼界、宽广的心胸、未雨绸缪的坚定盘踞在企业成功路上的每一次跨越中，终究会伴着企业的发展鹤立于激烈的市场竞争之中。

很多至理说起来容易做起来却十分艰难，外在立身、内在立心对企业领导者的苛刻要求似乎并不是轻易能够把握得好的。当企业家通过各种努力实现企业的发展时，其内心的强大已经清晰可见。但不容忽视的是，在实现物质条件的追求和满足的同时，很多企业家却忽略了自己的心智模式，模糊了内心深处真切的渴望和永无止境的追求。

随着企业的发展，企业家在不同时间和空间上对同一事情的审视程度是不同的。善于将视野放得长远者，自然比那些急于求成却准备不充分的人拥有更充裕的时间和精力，如此一来，很多复杂的事情也就变得简单而流程化，格局自然也就比一般人大得多。

曾国藩在中国的近代史上颇受争议，有人鄙视他的"卖国求荣"，也有人赞誉他为"真正睁眼看世界的人"、网罗培育推荐和使用人才的"第一高手"。他赏识才高八斗的智囊，举荐下属千人之多，包括李鸿章、左宗棠、郭嵩焘、彭玉麟、李瀚章在内的军事家，俞樾、李善兰、华蘅芳、徐寿等学者和科学家。

曾国藩的格局之大有目共睹。按朝廷规制，官居二品可乘坐八人抬的绿呢轿。可当曾国藩为二品时，依然低调地乘坐四人抬的蓝呢轿。一次，他乘坐蓝呢轿出行，恰巧迎面碰上了一支绿呢轿队伍。按照当时的例制，蓝呢轿遇见了绿呢轿必须让行，否则绿呢轿的人有权力暴打蓝呢轿的人。当时的曾国藩确实按照例制给绿呢轿让了路，但绿呢轿下来的三品官员还是打了曾国藩两个耳光。面对这样的遭遇，曾国藩并未恼羞成怒，反而恭恭敬敬地扶起事后吓得胆战心惊的三品官员，并为其让路。

曾国藩曾说："士有三不斗：勿与君子斗名，勿与小人斗利，勿与天地斗巧。"说的就是做人要有格局，不应处处计较，不计较就不会将自己拽入争斗的漩涡，不会被尔虞我诈所累，不会树敌过多遭人陷害，可以节省大量时间，富有精力去实现自己的目标。

细节决定成败，格局决定结局，曾国藩用自己的格局撑起了他广为人知的伟大成就。

大格局是一种智慧、一种境界、一种深度、一种品性、一种姿态，它预示着成功者平凡的谦逊必定会演变为亘古的锋芒。那么，何为格局之"大"？

大格局者善于调控：目有形势胸有略，缓行悠履静有度；大格局者适度而忙：大事急事分内其所，小事缓事搁浅不躲；大格局者大事小做心气平和，琐事简做惠风如畅；大格局者懂得分权放手，任有能者多劳多得、有德者名利兼得；大格局者宽胸襟阔掌控，思路清晰度势审时，善于授权用人不疑。

《老子》中称"不知有之"和"亲而誉之"的是大格局者，中国历史上说了几个"吾不如也"的刘邦是大格局者……中国的企业中，也有许多管理者能够精准把握时代脉搏，引领行业、并进潮流。在这个大众创业、万众创新的时代，企业的发展除了需要充足的资金和广阔的行业前景之外，企业家的思维模式、发展理念、价值格局均有着强大的影响和作用。创新，是时代的主题；足够的格局是企业家发展企业的利器，是带动企业全员前行的影响力，是海纳百川的宽广胸怀，是以身作则大气凌然的人格魅力。

说到企业家的人格魅力，最具代表性的当属苹果公司联合创始人史蒂夫·乔布斯。2011年，56岁的乔布斯因胰腺癌并发症逝世，他设计的iPhone 4s也成了苹果系列产品乃至全世界的精品之作，乔布斯个人的人格魅力更是影响了世界各国几个时代的人们。苹果公司现任CEO蒂姆·库克评价乔布斯说："乔布斯的影响力无人可以取代，希望苹果的员工们铭记乔布斯所创造出的产品，并将这种精神延续下去。乔布斯的眼界远超他所生活的年代，他所创造出的价值也一直伴随在苹果公司以及我们的左右。苹果公司目前研究的很多想法和项目都是在乔布斯去世后启动的，但是乔布斯对这些项目以及所有人的影响无人可以取代。"

库克的评价是客观的，乔布斯的格局并非常人所能及。乔布斯曾经质问百事公司百事可乐部门总裁约翰·斯卡利（John Sculley）："你是想卖一辈子糖水呢，还是想抓住机会来改变世界？"这句问话后来在世界科技领域广为传颂。越来越多的人开始努力复制乔布斯的成功，数不胜数的作家杜撰他的人物传记，乔粉儿们深刻挖掘着他看似矛盾的两大特质："狂热的专注"与"永远的好奇"之间的必然联系……是的，乔布斯的格局和魅力，帮他也帮苹果公司赢得了所有的一切。

当企业家以崇高的目标引领企业发展时，企业的生命力就不再简简单单维系在企业家一人身上，所有企业成员将依附于企业家领导魅力及格局之下，矗立于心灵制高点，携手高瞻远瞩的企业家眺望企业愿景，在潮起潮落的红海里泛起无限涟漪。

第二章

规避风险：股权激励需要配套机制

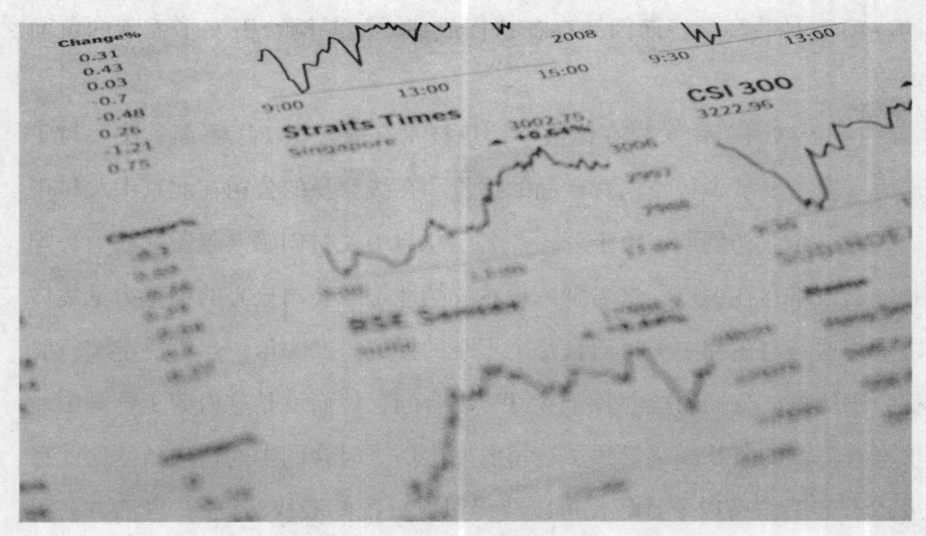

1.股权激励的分寸

2004～2005年间，中关村在线数字信息技术有限公司与原公司的七名员工关于股权问题的纠纷案一度引起全社会的关注。股权激励政策本是激励员工更好地为公司创造价值，带动员工积极性，实现公司战略发展的一项重要手段，然而因为存在这样或那样的漏洞，引发了强烈的负面声音。

1999年7月，中关村在线数字信息技术有限公司（以下简称中关村）作为一家主要从事科技消费产品的报价和在线交易的公司在北京中关村正式成立。企业初创期，由于公司一名副总与中关村创始人赵雷就权力分配及经营策略存在偏差，这名副总毅然决然地带着公司核心的中坚力量集体跳槽，这对赵雷和中关村而言是个不小的损失。2000年，赵雷决定实行股权激励政策，公司与核心骨干签订劳动合同，然而就是这份劳工合同中一项富有争议的条款最终导致了官司的发生。当时合同中的这项条款如此写道：乙方工作满12个月后，可以获得甲方分配的股权8万股；自乙方获得第一笔股权之日起，乙方每工作满一年可以获得甲方分配的股权8万股。如果甲方在乙方获得第一笔股权期满之前上市，乙方可以提前获得第一笔甲方分配的股权。

这份股权激励政策的实施产生了显著的效果，员工工作积极性更高，稳定性更强，大家都将中关村当成自己的事业一般去拼搏和经营，中关村也迅速进入到相对平稳的发展期。2001年开始，一些签订包含该项条款的合同的核心员工陆续离开了公司，中关村再次与这些离职的“股东”签署了一份“股权分配证明”，证明这些员工在中关村工作满一年并且无偿获得8万股股权，只是待中关村公司股权分配体系建成后再向其本人补发《股权分配合同》。

2004年10月，得知美国CNET Networks国际媒体旗下业务CNET（中国）以1500万美元收购中关村，当初签署过“合同”及“股权分配证明”的几个离职员工开始要求中关村履行当初签订合同时的承诺，并最终因股权分配纠纷跟中关村在线数字信息技术有限公司对簿公堂。这场来自于股权激励政策失败的案例真实地告诉了当下的企业及企业家们，股权激励是一把双刃剑，适度激励需有分寸。

那么，股权激励政策到底该如何适度有分寸地实行，才能发挥科学性的高效呢?

企业领导者之所以愿意实行股权激励政策，最核心的目的就是留住企业的中坚力量，旨在通过这种对员工进行长期激励的方法，在企业与人才之间达成战略利益共同体，以实现企业的长期发展目标。

其实，股权激励与企业任何一项激励政策一样，都需要一份与之配套的股权流动机制和相应的考评体系，激励员工的同时附加约束的选项，以免一些“滥竽充数”的员工“一次持股，终身享受”。而公司领导者也会存在这样的担忧，担心员工持有公司股份之后出现“表现不好”情况时更难约束，毕竟此时的他们已经具备了“被雇佣”和“企业所有者”双重身份。

企业领导者在实行股权激励政策之前，首先要对享有这项激励政策的员工进行综合测评，认定其持股资格。不同岗位不同人员的考评指标也要有区别，定期进行考核，对考核不合格者要设立淘汰机制，必须让享有股权激励政策的员工充分认识到：享受权利的同时必须承担相应的义务和责任。

当然，股权激励一定要细水长流，不能操之过急，一口吃成一个胖子是不现实也是不健康的，把握好股权激励政策的分寸，让股权所有者知道获得股份的严肃性，明确自己的合法权利而不是高傲地去掠夺创始人对公司的控制权。企业创始人也要科学配比做长远规划，切不能草率地只做短期的激进激励政策。

有这样一家公司，公司的创始人在公司进入迅速发展的阶段开始慷慨放股，拿出30%的股权用于新投资者的增资扩股。30%可不是一个小数字，特别需要指出的是，剩余那70%股份也不是公司创始人自己的，而是创始人与其他股东共同持有。随着公司的发展，公司会进入第二轮、第三轮，甚至更多的融资阶段，公司创始人只有通过稀释自己的股权来“招蜂引蝶”了，到最后，企业创始人的命运只能是丧失对公司的控制权。

2008年“上线”的一号店曾开起了中国电商行业的“网上超市”之先河，一号店创始人董事长于刚以及联合创始人兼执行官刘峻岭成为那一年中国最年轻、最有魄力的成功企业家之一。然而，再成功的企业家也没能逃脱来自世界金融危机的严重洗刷。2010年，于刚以8000万元的代价出让了一号店80%的股权给平安，以此缓解资金上的严重困境，随后平安将一号店的股权转让给了沃尔玛。这场金融危机后的股权争夺赛，沃尔玛成最大赢家，于刚和刘峻岭在失去一号店控制权后不久，也彻底离开一号店去寻找新的梦想了。

其实，沃尔玛在入股一号店的时候，就已经埋下了它将最终拥有一号店控制权的伏笔。沃尔玛本就是冲着控制权去的，在一号店之前，沃尔玛曾经试图“控制”京东，被拒绝后才找到一号店的。因股权分配不科学、未能把握好通过股权出让来进行融资的分寸，最终丧失企业控制权的企业创始人并非于刚一人。

真功夫快餐创始人蔡达标和潘宇海夫妇原各占有公司50%股份，引资PE后二人各让出3%股权，但这样的“放手”并没有被大家认同，而是被当成随时都有可能摧毁世界的定时炸弹，这也为真功夫快餐后来坎坷的内讧埋下了严重的隐患。

要想赚钱，首先要懂得如何分钱，这个“分”貌似不是那么容易掌握的，这对企业领导者来说是一份责任，更是一项领导艺术。

2. 避免滥竽充数

很多时候，企业领导者所实行的股权激励政策恰到好处——时机准确、政策合理，可是，仍然没有给企业带来应有的起色，这又是哪里出现了问题?

这是因为，股权激励的对象并不都是最佳人选，他们之中的一些人或许在激励政策的开始还能够做到尽职尽责，但“尝”到过偷懒还依然能够坐享其成的“甜头”之后，他们便开始放任自己的惰性，在企业成长和发展时期“滥竽充数”了。

股权激励不能等同于员工福利，并不是员工努力工作了就有权利得到股权上的激励。股权激励不适用于所有员工。成功推行股权激励政策的首要因素就是选对人，即企业创始人手里的股权到底该奖励给谁。

这就涉及人才选取的重要性。人才选对了、用对了可以激活整个团队，反之，要是用错了人，则可能摧毁整个企业。可见，股权激励的对象选择是否得当直接关系到整个股权激励政策实施的成败。

放眼未来，股权激励之本就是选对那些能够对企业未来发展起到关键作用的人。因此，那些对企业历史发展及经营业绩增长做出巨大贡献者、对企业的决策和市场开发拥有一定科学经验者、掌握企业核心技术的特殊人才等，应该被列为股权激励对象。

世界金融危机给各国各行各业带来致命伤害的年份当属2009年了，

特别是制造业，由于原料涨价，人力成本飙升，很多中小型民营企业受到前所未有的重创，甚至不得不“关门大吉”来使损失降至最低，然而一个名叫杨秀泉的人却逆势而行，于2009年正式在深圳设立七彩通硅塑胶科技有限公司。这是一家专业生产、销售手机配件的传统制造业企业，在那个经济极速衰退的时期，却仍然能够以超过25%的年均营收增长速度鹤立鸡群。当被问及如何取得成功时，杨秀泉坦诚地说道：这都得益于自己选对了人！

杨秀泉本人并不精通制造业，但是他在办厂前就找好了两名股东，也可以说是合伙人。他们拥有一致的企业发展目标，志同道合的价值观，同样宽广的心胸和高尚的品德。拥有这些共同点，杨秀泉与合伙人的努力事半功倍。初见成效的股权激励政策给杨秀泉指明了企业发展的路径，在随后的企业扩张过程中，核心人才入股的模式被继续沿用，对于一些被并购过来的企业，杨秀泉同样会给擅长技术的原厂老板一定股份，让其全权负责工厂的管理和质量把控，同时附赠与技术人才的还有杨秀泉定义的“身股”，即“人在，股权在；人去，股权留”。

并购＋股权＋身股成就了杨秀泉的七彩通扩张之势，既留住了核心技术人才，又实现了有效的激励。

股权激励不是“大锅饭”，自然也就只有那些核心人才才有这份殊荣。

一家研发制造业公司，领导层面就股权激励对象是否要包含级别层面较低的研发技术人员产生了很大的争执。在这样的企业里，技术和研发是企业核心命脉，真正冲锋陷阵在研发一线的往往是那些刚刚走出校园没几年的硕士研究生们，但级别较高的研发主管们则认为这些“孩子们”资历尚浅，为公司创造的价值没有高层大，等等。经过激烈的争论，最后企业领导者决定“兵分两路”——将高层管理者中的大部分及基层技术人员中的小部分纳入到股权激励范畴，这样，既对高层中少部分“滥竽充数”的人有效地采取了流动性管理，又对基层中大部分还没有享受到股权激励政策的年轻人们予以奋斗目标。

这位研发制造业公司的领导者有效地利用了股权激励的杠杆作用：倘若对公司的员工全部实行股权激励，那么就真的失去了激励政策的真正意义；对大部分员工进行激励又会起到“负激励”的效果，会使少部分没有得到激励的员工认为自己受到歧视。在人员层级较多的情况下，“因地制宜”地选取激励对象，未尝不是一项科学的选择。

股权激励又不等同于抽奖，不是有运气就能够得到的“财富”，只有激励对象通过自身的不断努力才能获取激励成果和实现频率。恰当的激励目标也是激发员工工作热情、促进企业实现战略目标的依据之一，换言之，只有那些认同企业文化理念，与企业战略发展目标同向努力的员工才是真正股权激励的对象。

人的主观能动性是会随着外界环境的变化而变化的，因此，股权激励政策实施过程中要做好配套的约束，正如金融资本投资一样，股权激励也会出现违约的情况。还是那句话，享有激励的财富，就要承担振兴企业发展的责任义务，若中途任何一方选择放弃合作，都需要付出一定的代价。

股权激励作为人力资本投资和收益的条款目前还没有纳入到《劳动合同法》中，有关股权激励退出机制的法律条款也还没有出台，签署激励政策的企业领导者和员工之间，一定要在决定股权合作之前就做好退出时的约定，方能在股权激励过程中获得高效的价值。有保障的努力才是双方共赢的前提，这样既保护了领导者的绝对控制权，有效排除了滥竽充数的“股权伙伴”，也在一定程度上维护了接受激励的员工的合法权益。

3. 上市不是企业的终极目的

股权激励政策适用的企业范围广泛，上市企业、非上市机构、创业初期的奋斗型企业等，均可适用。作为一项有效的激励措施，股权激励政策越来越受到企业家的垂青，特别是创业期的企业，随着发展的进程，对资金的需求越来越大，当股权分配不能足以满足企业发展需求时，公司便朝上市的方向奔跑。

上市有两种定义：狭义的上市即首次公开募股（IPO），指企业通过证券交易所首次公开向投资者增发股票，以期募集用于企业发展资金的过程；广义的上市除了公司公开（不定向）发行股票，还包括新产品或服务在市场上发布或推出。在中国，进行上市的企业多选择深圳证券交易所、上海证券交易所和香港证券交易所。也有的中国企业选择在境外的证券交易所直接上市或通过在海外设立离岸公司并以该离岸公司的名义在境外证券交易所上市。三种不同形式所发行的股票也不同，分别为A股、B股、H股、红筹股，除此之外还有N股、S股、T股等。

表2-1：《常见股票种类及其性质和投资对象对比》

股种	性质	上市地点	投资对象
A股	人民币普通股票	中国境内	中国境内的公司发行，供境内机构、组织或个人（不含台、港、澳投资者）认购和交易的人民币普通股股票。

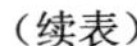
（续表）

股种	性质	上市地点	投资对象
B股	人民币特种股票	中国境内	外国的自然人、法人和其他组织，香港、澳门、台湾地区的自然人、法人和其他组织，定居国外的中国公民等认购和交易的人民币特种股。
H股	外资股票	香港	注册地在内地、上市地在香港的境内企业认购和交易的外资股。
N股	外资股票	纽约	内地注册的股份有限公司，在美国纽约发行并在纽约证券交易所上市交易的股票。
S股	外资股票	新加坡	内地注册的股份有限公司，在新加坡发行并在新加坡证券交易所上市交易的股票。
T股	外资股票	日本	内地注册的股份有限公司，在日本发行并在日本证券交易所上市交易的股票。
L股	外资股票	伦敦	内地注册的股份有限公司，在英国伦敦发行并在伦敦证券交易所上市交易的股票。
蓝筹股	工业股、金融股票		长期稳定增长的、大型的、传统工业股及金融股。
红筹股	中国大陆概念股票	香港	境外注册、在香港上市的那些带有中国大陆概念的股票。
普通股	公司的经营管理和盈利及财产的分配上享有普通权利的股份，代表满足所有债权偿付要求及优先股东的收益权与求偿权要求后对企业盈利和剩余财产的索取权。		

讲到这里，有读者不禁要问，为什么企业发展到一定程度都要选择上市呢？难道上市就是企业的终极发展目标吗？

企业上市的直接目的是融资，虽说上市并非企业融资唯一的举措，但却是最有效、最直接的融资方式。大部分“草根”民企渴望通过上市这条“融资捷径”来一次脱胎换骨的蝶变，以此改善公司的财政形势。以控股

P2P平台的互联网行业上市为例，在2015年这个互联网金融处于风口浪尖的年份里，中国平安、民生银行、中天城投等控股P2P平台的上市公司赚得可谓盆满钵满。可见，通过上市再融资的企业该有多么火暴。

上市对企业发展带来的第二个重要作用是，上市公司可以利用股票来收购其他的公司，以此大规模扩张。2016年2月15日，中国证券网发布消息称：浙江金科拟以29亿元的价格购买杭州哲信信息技术有限公司100%的股权，并募集配套资金。29亿元的支付方式分成两部分：以发行上市公司股份的方式支付20.3亿元，以现金方式支付8.7亿元。交易完成后，浙江金科将成为拥有精细化工新材料、移动游戏业务并行的双主业上市公司。

又如蓝色光标，这是一家尤为擅长通过企业并购实现自身极速扩张的企业，2010年上市之初，蓝色光标的净利润为6200万元，到2013年，该公司的净利润已经飙升至4.83亿元，4年时间净利润7倍的增长，最大的“功臣”就是并购。通过并购其他企业实现公司发展、扩张及利润大增，蓝色光标在资本市场的杀出确实非常抢眼。

上市对公司发展的第三个益处是，公司可通过上市来对员工实行股票激励。这里我们说的是股票激励而非股权激励，虽然“本金”不同，但“投资”方式和投资对象是一致的，都是以激励员工工作积极性来为企业创造更高价值为直接目的。

除此之外，公司的上市还可以为公司在业界打出一则性价比超高的品牌广告，给公司提高社会知名度，为公司发展创造良性的递增空间。

纵然上市对于发展中企业来说益处颇多，但上市后的企业还必须承担严峻的考验和历史责任，甚至要付出相应的代价。公司上市之后俨然将自己在公众面前透明化，除了要对员工和消费者利益负责之外，还要对广大股民负责。而股民的利益完全取决于股权企业，因此股民对利润及增长率有相当苛刻的要求，间接地给企业的管理者带来一定的业绩压力。所谓有压力方有动力，可企业利润一旦未达到既定目标，就有可能在行业竞争冲被重新“洗牌”，市场份额减少是小，无法承担金融风险而被收购事大。上市之后，公司就等同于将自己置身于一个法律法规监管苛刻的圈子里，必须时时遵守上市企业的相关约束，即便谨小慎微，企业管理者仍然有可能因管理不善而受到来自于刑事、民事上的纠纷。

所以说，上市有风险，入市需谨慎！上市对企业来讲，只是企业发展过程中一个阶段性的目的，而非企业最终目的。

4.股权众筹应时代而生

这里，我们需要了解一个概念——股权众筹。

股权众筹指公司面向普通投资者出让一定比例的股份，投资者通过出资入股公司，获得未来收益。这种基于互联网渠道而进行融资的模式被称作股权众筹。另一种解释就是“股权众筹是私募股权互联网化”。股权众筹在“是否担保”问题上看可包含无担保股权众筹和有担保的股权众筹两方面。无担保的股权众筹是指投资人在进行众筹投资的过程中没有第三方的公司提供相关权益问题的担保责任，目前国内基本上都是无担保股权众筹；有担保的股权众筹是指股权众筹项目在进行众筹的同时，这种担保是固定期限的担保责任，但这种模式国内到目前为止只有贷帮的众筹项目提供担保服务，尚未被多数平台接受。

股权众筹可谓一个新鲜的词汇，2009年，众筹由国外兴起并在两年后迈进国门，直到2013年，中国才涌现出一例股权众筹案例，次年出现有担保的股权众筹项目，证监会也开始着手对众筹的监管，李克强在国务院的常务会议上要求建立资本市场小额再融资快速机制，首次提出“开展股权众筹融资试点”。目前，股权众筹正逐渐赢得国人的认同。而作为企业管理者，该如何制定企业的股权众筹计划呢？

表2-2：《2015年中央及地方有关股权众筹政策回顾》

所属	时间	政策内容
中央	2015年3月	全国“两会”召开，李克强总理高度肯定互联网金融对中国经济发展的积极作用。
	2015年3月	国务院办公厅印发《关于发展众创空间推进大众创新创业的指导意见》，鼓励地方政府开展互联网股权众筹融资试点，增强众筹对大众创新创业的服务能力。
	2015年6月	证监会允许并通过三家股权众筹平台获得公募股权众筹试点资质。
	2015年7月	央行等十部委联合发布《关于促进互联网金融健康发展的指导意见》，确定股权众筹融资将以大众、公开、小额为基本特点，并将股权众筹融资业务划归证监会进行监管。
	2015年8	证监会发布《关于对通过互联网开展股权融资活动的机构进行专项检查的通知》，规定“股权众筹”特指“公募股权众筹”，而现有“私募股权众筹”将用“私募股权融资”代替，并规定单个项目可参与的投资者上限为200人。
	2015年8月	中证协发布《关于调整场外证券业务备案管理办法》，将“私募股权众筹”修改为“互联网非公开股权融资”。
	2015年9月	国务院印发《关于加快构建大众创业万众创新支撑平台的指导意见》，要求各级政府尽快出台相关政策支持众筹行业发展。
	2015年10月	央行宣布中韩两国金融合作取得最新进展，为中国股权众筹登陆韩国交易市场做好铺垫作用。
	2015年11月	证监会派出专项检查人员调查以“原始股”为名义进行众筹融资的公司。
地方	2015年5月	上海市长特批股权众筹试点工作，并将由上交股中心负责开展。
	2015年7月	广东省金融办发布《广东省开展互联网股权众筹试点工作方案》，加快推动广东省股权众筹融资试点工作，并明令禁止股权众筹平台从事非法集资、非法证券活动。

（续表）

所属	时间	政策内容
地方	2015年9月	山东省金融办出台《关于开展我省互联网私募股权融资试点的意见》，打造具有地方特色的互联网私募股权融资平台。
	2015年9月	广东省政府发布《广东省“互联网＋”行动计划（2015～2020年）》，将股权众筹列为重点发展对象。
	2015年10月	北京市政府制定并发布《北京市关于大力推进大众创业万众创新的实施意见》，着力打造中关村股权众筹中心。
	2015年10月	安徽省政府出台多项新政，探索发展基于互联网和大数据的股权众筹融资平台。
	2015年10月	山西省政府办公厅出台《关于加快我省多层次资本市场发展的实施意见》，支持以区域股权交易市场、众筹融资平台等金融要素的企业股改，建设多层次资本市场。
	2015年10月	贵阳市政府主办2015年世界众筹大会，并出台多项政策，计划将贵阳打造成世界众筹之都。
	2015年11月	天津市政府发布“金改33条”，积极申请股权众筹试点，未来计划将建设股权众筹交易所。

以表2-2为例，仅2015年，中央及地方政府就多次出台有关股权众筹的政策对股权众筹进行调整，让股权众筹逐渐深入民心，引领中国经济新潮流。值得注意的是，虽然国家和地方政府对股权众筹设置了很多保障措施，但企业在股权众筹的谋划上仍需谨慎而行，不同时期应有不同的众筹方案，切莫指望用一个方案应用于所有的活动当中。

在“大众创业、万众创新”思想的大力影响下，股权众筹创新模式以盘活民间资本为根本，以实现创业者大众创业为初衷，为创业者提供了丰富的创业启动资金，推动国内创业者掀起了一番创业热潮。

美微传媒1/4的股份是1194个众筹股东融资的500万，贷帮网袋鼠物流项目作为国内第一个有担保的股权众筹16天内收到79位股东的60万元投资，债权众筹平台——果树财富的31位投资人融资500余万，A轮融资仅4个小时内就实现了1500万元的众筹额度……京东众筹、阿里旗下的淘宝众筹、苏宁众筹等大互联网公司纷纷带头掀起股权众筹潮，一些经济学家认为，这对整个国内众筹市场而言具有绝对的教育意义。

第三章

有效捆绑：钱权合一推动企业向前

1. 关心公司的长期价值

在买卖市场，利益的驱动是相互的；在人企合作上，彼此的选择是相互的；在股权激励政策上，企业与员工的所属也是相互的。也就是说，企业在选择股权激励对象，股权激励对象也在选择企业价值是否长期保值，自己的“落叶归根”是否有足够的利益保障。因此，企业需要将自己的长期价值体现出来，供广大员工公平甄别。

公司的价值体现在哪些方面？如何鉴定公司的价值是过眼云烟还是长期稳增？

经济学家认为企业价值是企业预期自由现金流量以其加权平均资本成本为贴现率折现的现值；管理学界认为企业的价值是企业所遵循的价值规律，企业管理均以价值为核心，产生的一切活动均与企业利益相关者（包括股东、债权人、管理者、普通员工、政府等）获得满意回报为基础。很明显，企业的价值越高，企业赋予利益相关者的“财富值”越高，所有与企业价值有关联的人对企业忠诚度就越高。

既然被称之为“价值”，就不是那些固定不变的存在，今天的财富未必明天依旧保值，在瞬息万变的经济环境下，企业的价值如何长期保值？相信企业家自己也十分清楚，任何问题的根本解决都取决于企业自身，而非外界。拿一例企业经营原则来分析，企业的利润直接创造者是对企业充分满意的顾客，这部分顾客之所以对企业充分满意是因为那些对企业忠诚的员工创造出的满意结果，由因果关系得出推论——只有对企业感到满意的员工才能为企业获得和维持满意顾客，以此为企业创造利润，维持长期的企业价值。企业价值超越了以价格界定财富的计量守恒，衍生为企业利益相关者们的财富梦想。

企业家不能过度陶醉于自我锋芒中，企业员工也要对企业的长期价值有清晰的认识。企业不同的利益相关者在企业长期价值中扮演者不同的角色：企业家要去创造长期价值，员工发现、维系、间接创造企业价值，如此，企业价值才能良性增长。

创造企业的长期价值，要求企业善待员工、建立长期稳定的客户关系、坚定公司业绩至上、稳握核心竞争力。

一项针对某公司员工忠诚度的调查显示：在企业最艰难的时期，企业的管理诚信薪酬福利、小规模办事处制度、无裁员政策……深深感动着企业员工，超过97%的员工就企业在这方面的善待给予极高的评价。这家企业还有效地对员工规划出人力资本的投入，将工资总额的3%用于员工培训，保证人均年培训200课时。员工绩效、业绩分红、企业股份等激励政策始终作为企业赋予员工长期的价值保障。

一家非公金融咨询公司将企业经营理念贯穿所有经营活动始末，拒绝短线交易、避免廉价股和期权期货交易、不提供网上交易等，以巩固经纪人与客户之间建立起的长期稳定客户关系。“关系”稳定了，创造出的价值自然也就稳定了。

正因为企业价值必须稳定才能够经久不衰，所以，企业的发展始终需致力于业绩目标的实现。

1806年，威廉·高露洁用自己的名字“高露洁”创立公司，从经营牙膏开始了自己的事业，公司CEO鲁本·马克坚持“企业业绩置于个人的名望之上”为企业经营原则。大型的并购及市场份额的掠夺不是高露洁公司的主要战略方针，他们更专注于持续并超额完成企业的利润目标，只有财务上的可喜数字才是企业上下的努力方向。在鲁本·马克掌权的19年中，他只做了两次相对较大的并购，放弃当时的高露洁并不占优势的几项业务，将全部的精力投入到口腔保健用品、个人保健产品、家用清洁剂和宠物食品四个重点经营领域上。1998年，高露洁超过了宝洁和佳洁士两个强大对手，荣登美国市场最畅销牙膏品牌。

当成龙在广告片中用他那国际范儿的口音宣告全世界："格力，掌握核心科技"时，相信消费者一定更愿意在众多选择中多投格力一票，这中间的主观倾向就在"核心"二字上。以核心技术挑战对手竞争市场的企业，更容易获取消费者的信赖和多次选择。

商品经济社会并非一个理性的消费市场，企业口碑、服务品牌、价值取向等因素都影响着企业价值的获取和长期拥有。判断企业价值的时空走向离不开市场环境因素的影响，所谓内外兼修，把握自身价值建设是根本，能够适应并胜任市场环境给予的压力和动力是关键。这也是衡量一个企业的长期价值是否真实可靠的依据。

在调味品行业及相关企业利润稳健增长的环境下，以海天味业为例：调味品经销商动销良好、库存正常、盈利增长稳定，餐饮业经济增缓对调味品的影响尚在可控范围之内，春节等调味品销售旺季效应对行业产品销售经济增缓健康稳定，公司未来产品及创新类产品有扩展空间。众多可视因素表明，海天味业的企业价值长期可控。那么，海天味业是否就值得我们选择呢？大家千万不要忘了，企业长期价值需内外兼修，不可忽略海天味业的内在核心。海天味业的核心砝码就是其强大的管理能力——生产效率之高降低了生产成本，产业链各渠道间周转速度及财务能力健康有序，公司净资产收益率水平行业领先……综上分析，我们认为海天味业具备长期配置价值。

恩华药业公布的2015年三季报数字显示：公司收入20.25亿，增长10.51%；扣非净利润2.15亿，增长18.1%，每股收益0.45元，符合预期，这是来自于数字上的肯定。在创新产品方面，每年都会有一定新品上市，均实现预期销售目标，销售额稳定。互联网时代下的移动医疗布局上，公司打造产业生态圈，斥资5000万元建立好欣晴移动医疗科技有限公司，搭建健康知识传播、管理，医患交流等平台。内部资源激励制度上，推出持股计划，仅2015年第一期现有员工买入股就达到222万股，表明了管理层对公司的认可，也激发了员工的工作热情。

公司长期价值是企业及企业员工共同专注的话题，“你好，我好，大家好”就是最简单的诠释。

2. 人力资本最大化

在成功企业家的资本定义中，人力资本的价值往往高于物质资本，甚至是金钱。来自于人的知识、技能、体力等经济价值不可限量地成为企业发展夯实的基础和筹码。相信企业家们都能够清晰地看到来自于企业员工的强大的主观动力，而我们所能看到的还仅仅是显性优势，所有的隐性优势或将更强大。这些更大的增值潜力就是企业的“活资本”，需要企业家“慷慨”地对人力资本进行投资，人力资本中的创新、创造等高于市场应变的能力将带给企业新一轮竞争环境中最核心的竞争力。

美国学者T.W.舒尔茨对有经济价值的人力资本进行了分类，他认为这部分“财富”包括学习能力、完成有意义工作的能力、进行各项文娱体育活动的能力、创造力和应付非均衡的能力，他将五种超越经济价值的人力成本呈现给了广大的企业家们。如我们本节内容开篇分析所说，人力资本从其知识要素构成上可以分为隐性和显性两种人力资本。显性人力资本通常是我们能够看到、感受得到，可以得到确定的给予员工的投资，如人力成本中的会计成本、现金流成本等；隐性人力资本是指存在于员工自身各组织关系中的知识、技巧、经验、创新思维、价值体系等要素，隐性人力资本对企业而言是企业创新的原动力，也是所有显性知识的基础，包括人力资本价值增收过程中所实现的预期收入、贡献比率等。隐性人力资本更具有企业竞争优势，甚至无法模仿和复制，是企业核心竞争力中最个性化的部分，也正因为它固有的“隐私”性而被广大学者和企业家认为具有“双刃”性。

人力资本对企业管理具有重要意义，不仅能帮助企业建立起当代创新实用性的企业管理制度，作为企业战略管理的核心直接关乎着企业发展的方向和速度，最直接地体现在公司绩效提高上，更是企业核心竞争优势的关键因素所在。因此，企业领导者从长远的战略规划上，势必要加大人力资本的投入。

那么，企业家究竟怎样做，才算高效地提升了人力资本，最有效地发展、任用、管理和留住人才？

首先，企业领导者要将企业文化价值、战略发展方向“广而告之”，让那些为企业创造无限价值的员工知晓公司的前行进度，了解自己在公司战略布局中的准确位置，明确公司运行机制、发展愿景，避免员工与企业发展背道而驰，杜绝一切混乱与分裂的危险发生。

拉里·佩奇作为谷歌的创始人，特别擅长公司文化价值的传播，换句话说，佩奇就是一个“谷歌活体广告”。佩奇在谷歌公司内部，始终坚持在公开场合大声说：“Don't be evil.”（不作恶。）正是佩奇的坚持，让这句“非正式”的谷歌的善良因子植入到每一个谷歌人的血脉中，谷歌的工程师们无论创新何类产品，首先考虑的是“Don't be evil”，在开创Google AdSence平台广告付费模式时，很自然地规避了“广告影响搜索结果”的发生。这份与其他公司截然不同的价值取向成为谷歌及谷歌工程师们对世界的承诺。

其次，领导者要不遗余力地对员工自主学习机制推波助澜，让自我学习成为一种主动。简单地说，企业在加大人力资本投入的举措中必备的一项就是借力外脑——聘请有经验的成功人士到公司为员工培训，或参与到公司生产活动中来，将自己的隐性资本优势转化为行动的实施呈现于企业家及员工面前。所谓“师傅领进门，修行在个人”，同一个老师教导出来的学生不尽相同。

除此之外，企业领导者还要制定出管理层的继任计划，让核心的管理人员明确自己的责任和义务。培养继任者是为企业创造价值的另一成果，也是企业持续发展的路径。苹果公司现任掌门库克正是乔布斯培养的最佳继任者，乔布斯的离开对苹果乃至全世界而言是个极大的损失，或许我们都知道，没有谁可以完全地替代谁，但库克何尝不是一位优秀的CEO？当乔布斯需要他协助自己的时候，库克是一位合格的“助手”，当苹果需要他瞬间转身为CEO时，库克有能力成为苹果的最高领导者，而这一切看似最自然的衔接，正是苹果公司很久之前就做好的继任培养计划。

坊间常说，做好一个国家的领导人，首先要学会选择几个合格的左膀右臂，让自己的思维模式和意见通过下属职能部门领导者去实现，充分发挥他人的能力和优势。

对于不同的人，领导者所应采取的人力资本投入选择要有所区别，因人而异的个性化投资才会更加奏效。比如，对于知识型员工要增加心理资本的投入。心理资本包含自我效能、希望、乐观、韧性等四个维度，作为核心的积极心理能力，它是公司绩效增长的根本，心理资本的强化是人力资本对企业员工创新绩效的良性刺激。

当今中国正处于知识迭代、创新集成的时代，员工的更多驱动都彰显在知识层面，知识型员工坚信自己对本职工作的胜任能力，不惧怕挑战新工作方式的压力，也能承受得起来自于失败的教训和结果。当这些所谓的“困难”在知识员工身上变成了成功的前车之鉴，他们就会充分利用社会网络联系机制，促进社会资本功能融入心理资本，最后形成个性化的人力资本产出，以此整合创新方式，提升绩效水平。

从下图可看出，企业家们已经充分认识到了投入人力资本的重要作用。的确，人力资本的积累和增加，远比物资资本、劳动力数量的增加更能对社会发展有所贡献。

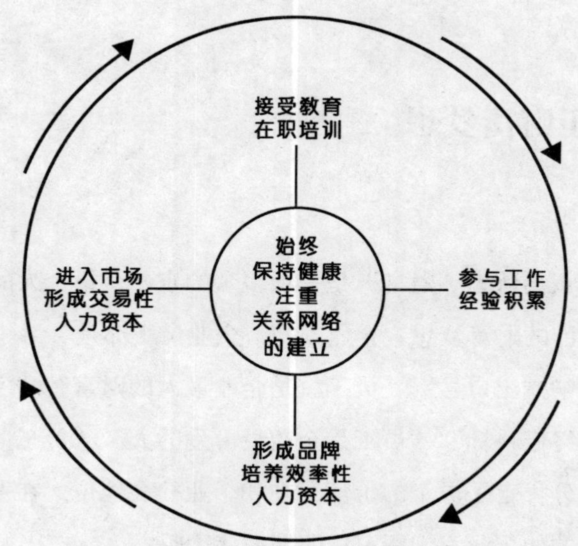

图3-1：企业家人力资本形成中的飞轮效应

1990年，美国人均社会总财富约为42万美元，其中58.9%由人力资本组成，加拿大、德国、日本等国家当年的人力资本分别为15.5万美元、31.5万美元和45.8万美元。而那个时期的中国，还正处侧重于劳动力质量提高的时代，劳动力数量的增长仍不及劳动力质量对中国经济增减创造的贡献大。

到了20世纪末，中国的人力资本稳步增长，而劳动力数量则呈现下滑趋势，来自于劳动力质量的贡献成为经济增长的主要方式。中国是世界人口大国，对于一个已经长时间处于发展中的国家而言，早日实现小康社会的进程，人力资源向人力资本的转化和吸收是很直接的一个决定性因素。中国经济增长模式决定了中国的企业家们要努力提高人力素质，集中全力将中国建设成为学习型社会和国家。

3. 成就员工财富梦想

相信没有人会认为“财富”是一项多余的东西，每个人的内心深处都有一个属于自己的财富梦想。企业家是，企业员工亦是。

很多企业呐喊出口号：“员工就是企业最大的财富”“实现员工的财富梦想是企业终极目标”“员工是企业最可爱的人”“员工的利益高于一切”……这充分肯定了员工的价值存在和企业社会地位，在发展中国家，员工的利益真的如企业家们所宣称的那般伟大吗?

电商“巨无霸”阿里巴巴于2014年9月19日正式在纽约交易所挂牌上市，马云和他忠诚的合伙人们开起了史无前例的IPO盛宴。从创建阿里巴巴的“十八罗汉”到30位“阿里合伙人”，一路跟着马云从西湖“疯”到纽约的小伙伴儿如今都实现了自己的财富之梦。在阿里巴巴上市受益最大的30位股东中，有24位是“阿里人”，有6位来自于集团或其他相关联的公司，30位合伙人拥有阿里巴巴价值超过210亿美元的14%股份。阿里巴巴招股说明书上写明，马云占股8.9%，当年的身价就达到了125亿美元；“第一副手”蔡崇信持有阿里巴巴3.6%的股份。必须说明的是，蔡崇信正是发现了阿里巴巴的长期价值，毅然放弃了年薪70万美元工作的召唤，铁了心跟着马云当跟班儿，每个月50美元的工资硬生生地拴住了这位耶鲁法学高材生。是马云的人格魅力吸引了蔡崇信，还是蔡崇信灵敏地嗅到了财富的味道？总之，蔡崇信成功实现了自己的财富梦。

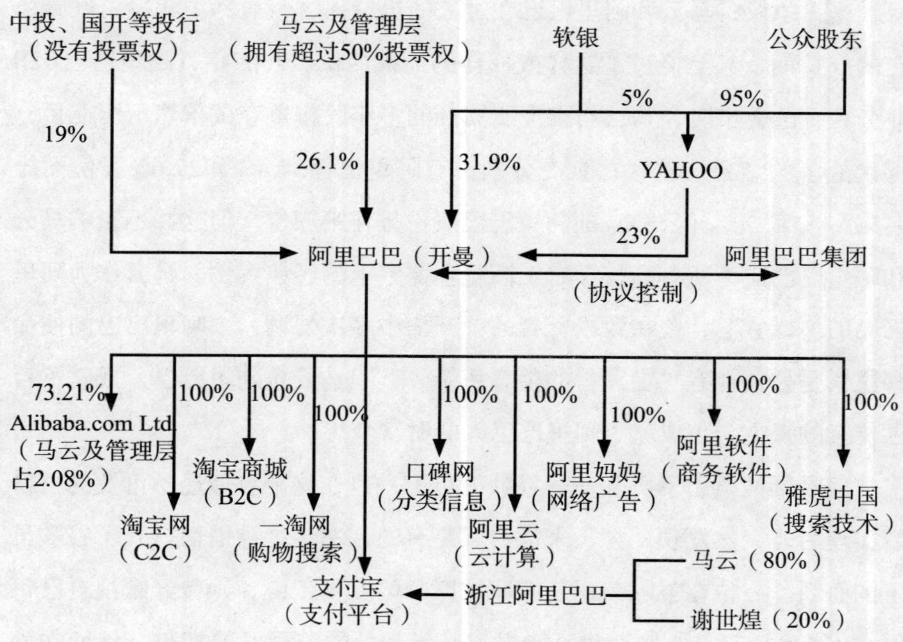

图3-2：阿里巴巴集团股权结构图

通过阿里巴巴上市获益的可不单单是领导层和高管层，在阿里巴巴工作的一些普通软件工程师、营销精英、支付宝相关项目的员工均从阿里巴巴IPO中有所收获。其实，早在1999年，阿里巴巴初创期就实行了股票期权、股权等激励政策，现任的和曾经任职阿里巴巴的员工总计拥有阿里巴巴26.7%股份。以2014年阿里巴巴上市时期估价区间的最低下限来计算，当时阿里巴巴的参考市值近1700亿美元，阿里巴巴就为员工创造了超过450亿美元的巨额财富。

阿里巴巴约有20000名员工，按照人均有份计算的话，IPO后的阿里巴巴员工每人都能得到226.68万美元。除此之外，马云还推出了“亲朋好友购股计划”，让更多跟阿里巴巴、跟马云有关联者都当一回富人。市场推测，马云的“亲朋好友购股计划”的规模或能达到10余亿美元。

毫无争议，马云和阿里巴巴在过去的投资人“献血”中获得了健康稳定的成长期，甚至挺过了这样或那样的危机四伏。2007年，阿里巴巴B2B业务在香港上市时，马云与雅虎所展开的多年股权争夺战依然历历在目，那次战争的结果让软银、雅虎分别占有阿里巴巴34.4%和22.6%股份而排名第一、第二，马云8.9%的阿里巴巴股份排在第三位。但这并不影响马云和阿里巴巴成为所有高校学府工商管理课堂上的经典案例。马云作为阿里巴巴的“标签”，曾在致投资者的公开信中多次强调：“阿里巴巴的使命和愿景是公司拥有‘更完善的生态系统’。”马云携阿里巴巴，成就了自己传奇的人生，也成就了阿里巴巴人的财富梦想。

互联网搜索引擎巨头——谷歌的员工，也在这个看似遥不可及的财富梦实现后，突然发现，“飞来横财”是有的，幸运之神悄悄打开了谷歌员工的心门。一位在谷歌公司任兼职按摩师的女员工说，她曾经鄙视自己每周450美元的工资外加一些可能根本一无是处的公司股票期权，然而在她五年后“退休”的时候，这些“纸片儿”大部分兑现成现，作为谷歌第41名员工，她获得超过百万美元的“退休金”。用这位女员工自己的话说：“股票价格上涨总能弥补我的花费……就像一个溢流的壶。”谷歌10岁生日的时候，有1000名谷歌员工及前员工通过手里的股票或股票期权人均收益500万美元。刚任职谷歌不久的新员工也同样有很大的获利空间，据悉，一些入职刚满或未满一年的谷歌新员工拥有的股票期权平均行权价也超过500美元。

以WPS和杀毒软件著称的金山软件股份有限公司也实行“加薪笼络计划”，为了让那些没有金山期权以及没有权利分享金山上市后财富成果的员工也能在金山的财富中分一碗羹，金山领导层决定对这部分员工实行20%～30%不等的薪资涨幅计划，以磨平员工内心关于福利待遇、工资薪酬方面的落差。事实证明，这一调薪计划十分奏效。计划是在年前公布的，而以往年后是金山公司基层员工流动率频繁的时期，恰恰是这一计划的提出，让很多准备辞职的员工都踏踏实实留下来继续为金山效力了。

员工的财富梦想或许大不相同，企业也无法实现所有员工对企业的全部愿望。但这是一个现实的社会，“来往不理非礼也”还是行得通的，更何况利益的作用往往都是相互的，企业为员工实现了发展的空间和平台，员工也会为企业创造更高的价值。企业帮员工实现财富梦想，千万不要忽略了，员工的“财富”仅仅是企业财富的沧海一粟，企业才是最大的赢家！

4. 不是所有的企业都适合股权激励

经过众多上市的、非上市的企业实践证明，股权激励是企业对员工进行激励的最有效措施，但依然有很多企业在对员工实行股权激励政策的过程中失败了。股权激励看似操作简单，实际上十分深奥。又因为股权激励具有双刃性，用得科学恰当会明显提升公司整体风向标，倘若用不明白反而会成为企业发展的累赘。

举个简单的生活常识为例，同样的食材、流程、烹饪技巧，不同的厨师做出来的菜肴味道却不一样，如果烹饪过程中缺失了或错乱了一些程序，那再好的食材做出来的菜品也难以恭维。再完美科学的股权激励政策，不同的领导者在不同的企业针对不同的员工实施，效果也是不一样的。那么，就会有企业家疑惑了，既然股权激励政策不适用于所有的企业，到底哪些企业满足股权激励政策实施条件，又有哪些企业不适用股权激励政策？

有关专家分析，知识型高增长公司、人力集约型（如科技类）公司更适合对员工实施股权激励政策。这类公司的员工首先都是知识型人才，更能明确自己的价值观，高增长类的企业价值容易呈现于外，具备足够吸金的本能。股权激励是一项长期的激励机制，这就要求那些渴望通过这项激励政策留住核心人才的企业，做好激励政策的配套措施和保障措施，实现企业与员工双赢才是真正标的。

企业我们已经选好了，接下来需要分析一下，股权激励政策应该针对哪些员工去实施，切莫让股权激励政策变成了“大锅饭”，切莫让滥竽充数者在激励政策中“浑水摸鱼”！

美国有研究指出：上市公司在经营业绩、股票价格等方面与公司高层领导薪资有适当的联系。对于股东而言，股权激励促进了被激励者的工作积极性，可提高公司经营水平，也能推动公司股价的上涨；让被激励的员工意识到自己在为公司创造价值，成为股东中的一员，实现企业利益共享、责任同担的和谐妙音。

表3-1：上市公司股权激励对象

序号	对象
1	上市公司：董事、监事、高级管理人员、核心技术（业务）人员，以及公司认为应当激励的其他员工，但不应包括独立董事。因为独立董事作为股东利益，尤其是中小股东利益的代表，其职责在于监督管理层的规范经营，从股权激励的本义上讲，不应成为激励对象。
2	上市公司中不能成为激励对象的人：A.最近3年内被证券交易所公开谴责或宣布为不适当人选的；B.最近3年内因重大违法违规行为被中国证监会予以行政处罚的；C.具有《中华人民共和国公司法》规定的不得担任公司董事、监事、高级管理人员情形的。
3	首先，国有控股上市公司的监事以及由上市公司控股公司以外的人员担任的外部董事，暂不纳入股权激励计划；其次，国有控股上市公司的母公司的负责人在上市公司担任职务的，可参加股权激励计划，但只能参与一家上市公司的股权激励计划；再者，在股权授予日，任何持有国有控股上市公司5%以上有表决权的股份的人员，未经股东大会批准，不得参加股权激励计划。

表3-2：上市公司股权激励政策方式

序号	方式
1	股票期权：被授予方可以低价购买公司股票（即以股票结算）；利益体现在行权时的价差。

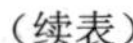
（续表）

序号	方式
2	限制性股票：无偿赠与或低价销售给被授予方，对出售进行限制；利益通过出售股票获取（以股票结算）；适合于成熟型企业。
3	股票增值权：被授予方可以根据被授予的股票数量×（行权日股价－授予日股价）获得现金奖励（即延期奖金，用现金结算）；适合于现金流充裕的公司。
4	虚拟股票：被授予方可以享有分红和股权升值收益，利益体现在参与利润分配。即以现金结算，适合于现金流充裕的公司。
5	业绩股票：被授予方达到业绩目标后，可以无偿受赠公司的股票（即以股票结算）。适合于业绩稳定并持续增长、现金流充裕的企业。 股权激励条件：对企业实行股权激励的要求。

以上是上市公司股权激励政策针对的对象和方式列表，对于非上市企业，因为目前还没有相关的法律法规给予界定和支持，因此，非上市企业的股权激励措施的实施相比较于上市企业更简而化之。只要员工被企业领导者认为是企业的核心人才，企业需要留住这类人才为公司创造更高价值，都可以成为被激励的对象。

非上市企业在实施股权激励政策的过程中，往往会因主观性及被激励对象的能动性而使得政策实施被动，甚至达不到理想效果。

俏江南创始人张兰在引入投资方鼎晖投资后，以低于市场价格的标准向原麦肯锡三个合伙人工转让出9%股权，并签订了以“上市为目的”的对赌协议，以此推动公司业绩。但俏江南创始股东与资本方之间的关系并不和谐，股权的出让因为植入了对赌的因素而变得很被动，加之没有对激励对象予以约束，没有实现股东、激励对象、资本方之间利益共享和捆绑，最终，俏江南没有在预定的时间内成功上市，创始人与资本方的关系处于极度矛盾的紧张状态。

无独有偶，广东雪莱特光电科技股份有限公司创始人柴国生在公司上市前曾将公司股份3.8%“转让”给高管李正辉，不久后再次将0.7%股份“赠送”给李正辉。两次转让虽然分别签署了《股权转让协议》和《股权受赠承诺书》，并约定李正辉为公司“效力”5年，若违约须退还股权或经济赔偿，但柴国生的激励政策实施得过于粗暴，简单又任性的条款没有明确：企业转让给个人的股权是否需要支付对价；一旦李正辉违约了，他要支付的赔偿具体数目、兑现方式、兑现时间等都没有说明。最后李正辉在没有服务满5年且雪莱特上市之后离开了公司，柴国生一纸诉状将李正辉告上法庭，要求其赔偿损失1900余万元，退还公司522万股。最后的判决结果对柴国生的诉求并未完全支持，李正辉只需退还34.83万股即可。不管是李正辉，还是柴国生，在这场官司中都失败了，败给了“失败的股权激励政策”。

从以上两家企业实施政策失败的经验中我们得出如下“教训”：

其一，股权激励不等于股权奖励，激励的同时还需要相应的调控措施来进行约束，获取来自激励上的财富也要承担为企业创造价值的责任，实现既定目标的情况下有权利获得，未能达到要求时也要接受相应的“埋单”。在一些人看来，这样的解释更像是赌博。你还记得在交易大厅里最常听到的那句话吗？股市有风险，入市需谨慎！股民选择了当下股票市值的低廉，就应该想象得到未来的它可能暴涨，亦可能暴跌。企业领导层要明确激励政策的核心目的，不随意改变企业经营方略，立准目标，全力以赴去取得胜利！

其二，股权激励政策是一个偌大的利益共享平台，需要所有接受激励政策的利益相关者共同去实现目标、完成任务。牛根生有句至理名言——小胜靠智，大胜靠德。在牛根生的企业价值观里，只有让一半以上的员工有这样的意识，认为自己从事的工作是“给自己做事”，企业价值升级才指日可待。企业领导者对人才垂涎若渴，对留住人才的钱财就要有所舍得。这一点也证实了，股权激励在选择对象的同时，也在考验企业家的胸襟是否足以海纳百川。

其三，股权激励政策实施方案要得到颁发者和被激励者双方一致的认同，所谓“愿打愿挨”，企业家愿意拿出政策鼓励员工，也得看员工是不是买账。这就体现了将利益的企业部分和个人部分有效捆绑在一起的重要性。

第四章

因地制宜：股权激励常用工具的使用

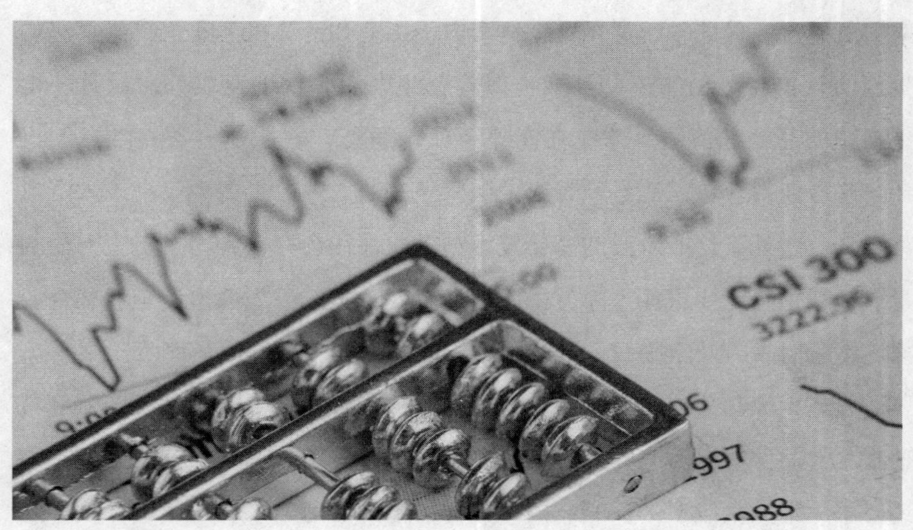

1. 股票期权：创造长期股东价值

20世纪50年代，世界上最早的高技术园区美国“硅谷”诞生，这也是最早诞生股票期权制度的地方。硅谷赢得了众多高新技术型企业的青睐，虽然与它同一时期的世界其他高新技术开发区的成长也十分迅速，但企业家们更愿意齐聚硅谷，竞相角逐这个电子工业和计算机工业王国的财富。激烈的竞争与严酷的市场环境督促着企业家们必须迅速成长，只有获得更高额的利润和价值，才能在连呼吸氧气都要VS一翻的硅谷有喘息的机会。这也使得企业家们必须想方设法留住核心人才，走智力型高人力资本路线。一些处于创业阶段的高新技术型企业往往会存在人力、财力方面的紧缺，特别是想要留住人才就得高薪养贤，竞争的激烈性迫使企业和企业家们不断对薪酬及激励政策推陈出新，股票期权就这样应运而生。

股票期权是公司给予高层管理人员及核心技术骨干的一种长期薪酬激励制度，通常情况下，在约定的时间内按照事先定好的价格，员工拥有购买公司一定数量股票的权利。因为是在约定的时间内享有的权利，故称之为期权，购买股票的员工就是期权权利人。在享有股票期权之前，期权人不享有任何实际利益，正式开始行使权利之后，期权人购买的公司股票就成为现实的股票所有权，期权人可以直接从中获得经济利益。这部分经济利益分为两部分，一部分是个人直接收益，即行权日股票的市场价格与行权价格的差价，例如，买股票时的支出是20元/股，行权日的市场价格是

30元/股，期权人的收益就是10元/股。另一部分为间接收益，主要为股票的分红和增值。

随着公司业绩的提高，股价也会同比增值，企业和期权人同步获益，这就有效地将企业和股票期权人的相关利益捆绑在了一起。在利益的激励下，期权权利人的工作积极性和利益创造性将得到更大限度的激发，以起到股权激励的效用。

股票期权激励所创造出的价值远比工资、奖金来得令人期待和抓狂。它足以将那些行业优秀人才吸纳到企业中，减少公司核心技术人才的流失，稳定管理层团队的企业忠诚度。对公司的整体财务状况来说，因为股票期权不是现金发放，所以不需要直接通过过多现金支出，既让期权权利人获得了利益，也减少了企业发展中的资金成本压力。它是相对最有效的激励员工工作积极性和主动性的方式，趋同了企业、领导者及期权权利人三者的共同利益，绝对不再需要经营管理人员的“监管”了。

然而想让股票期权的作用得到正确发挥，需要公司有完善的治理结构与之相匹配，没有配套的监管措施和治理结构，股票期权恐怕只能成为那些少数具有决策权的领导们中饱私囊的工具罢了，严重者还会让公司面临灭顶之灾。

美国第四大电信运营商Qwest公司早在1997年就开始采用股权激励政策了，该公司的政策包括非限制性股票期权、激励性股票期权、股票增值权、限制性股票、股票单位和其他股票奖励。股票期权奖励一般在授予的期权的行权期间（4年或者5年期间）以相等的增量进行行权（即每年行权数在上一年的基础上以一个固定的增长率增加）。2001年、2000年和1999年授予的期权具有6～10年的期限。2001年、2000年和1999年12月31日分别有53.9百万美元、52.7百万美元和22.7百万美元的期权以26.55美元、24.33美元和19.94美元的加权平均执行价格被执行。公司董事会补偿委员会负责确定每股期权的执行价格，创始人菲利浦·安舒茨一人同时担任赔偿和提名委员会的董事，这样的“任命”并不科学，对于Qwest公司来说，董事会中的外部董事没有一人具备公司核心业务的运营经验，这就使该公司的补偿委员会如同“冬眠”。按照事先约定的条款，2001年时，公司向前任CEO约瑟夫·纳奇奥支付了8800万美元的酬金，尽管那是公司有史以来业绩最差的一年，但Qwest依然兑现了承诺，并且，让公司最大股东菲利浦·安舒茨位居“全美靠抛售公司股票获利最多”的25位企业高层的榜首。菲利浦·安舒茨在Qwest公司虚增收入的三年时间里抛售了手中的股票，从而获得了22.6亿美元的巨额财富。以菲利浦·安舒茨为首的公司众高管们巧妙地利用公司合法的股票期权计划，通过非法虚报销售收入达11.6亿美元等手段导致股价上涨，再从中牟取暴利，最终致使Qwest公司不得不背负266亿美元债务，甚至面临不得不提交破产保护申请的局面。

虽说股票期权政策来源于西方国家，但一些失败的经验要求中国的监管部门必须采取相应的措施进行约束和监控，如上海证券交易所、中国证券登记结算有限责任公司等相关部门颁布的文件。

表4-1：股票期权交易的规则

机构	文件名称	主要内容
证监会	《股票期权交易试点管理办法》	共30条，有五方面内容，分别是：股票期权交易场所和结算机构；证券公司和期货公司参与股票期权业务的资格；投资者保护；风险控制措施及其他相关规定。
	《证券期货经营机构参与股票期权交易试点指引》	共34条，包括三方面内容：证券期货经营机构从事股票期权经济业务有关要求；证券期货经营机构自营、做市及资产管理业务参与股票期权的有关要求；证券期货经营机构强化内控管理及计算风控指标等监管要求。

（续表）

机构	文件名称	主要内容
上交所	《上海证券交易所股票期权试点交易规则》	共9章171条：第一章总则；第二章期权合约；第三章上市与挂牌；第四章交易；第五章行权；第六章风险控制；第七章交易监督；第八章其他事项；第九章附则。
	《上海证券交易所股票期权试点做市商业务指引》	共5章28条：第一章总则；第二章资格申请；第三章做市规则；第四章监督管理；第五章附则。做市规则一章包括做市合约申请与确定、账户使用要求、做市商的报价义务、做市商的权利、做市商的保护机制、做市商主动退出、做市商的统计与评级。
	《上海证券交易所股票期权试点投资者适当性管理指引》	共5章43条：第一章准则；第二章投资者适当性管理；第三章投资者分级管理；第四章投资者教育；第五章附则。
上交所 中证登	《上海证券交易所、中国证券登记结算有限责任公司股票期权试点风险控制管理办法》	共9章94条：第一章总则；第二章保证金制度；第三章持仓限额制度；第四章大户持仓报告制度；第五章强行平仓制度；第六章取消交易制度；第七章结算担保金制度；第八章风险警示制度；第九章附则。
中证登	《中国证券登记结算有限责任公司关于上海证券交易所股票期权试点结算规则》	共6章91条，分别是总则、期权结算参与人和结算银行的管理、账户管理、期权结算及违约处理、风险控制、附则。

股票期权激励在真正实施过程中，有太多方面需要权衡了。

主营电子商务的易趣网走了一条标准的“硅谷之路”，公司员工刚过试用期便有幸得到公司的股票期权，几乎每个人都免费得到了公司的股票期权。每个员工都享有的政策本就失去了激励的作用，加之，员工无需自已出资购买公司股票，公司全部慷慨赠送了，这让员工有种免费的就等同于没有价值的错觉，从而不再珍惜。

另一家从事网络安全服务的公司执行股权激励政策的时间相对晚了许多，是在公司即将上市且业务进展不理想、急需激励员工一鼓作气的时候才实行股票期权制度的。公司领导层只对10位元老级高管进行了1.5%的期权奖励。不管是哪一个数字都显得这家公司过于“寒酸”，这种完全没有起到激励作用的所谓激励政策，等同于没有激励。

创业型企业的股权激励更适用于成长期。创业初，企业利润低，很难实现分红，实际股权激励更能让利润清晰可见；公司进入成长期后，实行股票期权激励正当时，但也要根据企业的特性对激励计划进行个性化设计，精准选择激励对象，如：高管层中被定义为接班人的要给予世纪股权，中坚技术层可以给予虚拟股权及我们本节的主要内容——期权；当企业到了成熟期，也就是上市之前阶段时可以选择实际股权激励；待到企业进入高成长期后的衰退期时，股权已经失去了它核心的吸纳作用，企业的激励政策的重心应该倾向于现金激励。

因此，股票期权激励政策并不适用于企业的各个时期，成长期实施股票期权制度创造出的价值或更高！

2. 期股：部分首付，分期还款

作为激励政策之首，股权激励对象是可变量，被激励者获取股票的形式也不局限于自己现金购买或公司全额赠送，如企业出资者与经营者协商确定股票价格的期股，就允许经营者在其任职期间内通过多种形式让员工获取期股，包括员工个人出资购买，一部分首付其他部分按揭还款式购买，员工获得的奖金等部分奖励转化为期股等多种方式。

实际操作中，企业以贷款给经营者的形式获得股份投入，经营者具有股份的所有权、表决权和分红权，但这个“所有权”是虚的，只有经营者将贷款的全部数额向企业还清之后，这个所有权才真正实现。表决权是实实在在的，分红权虽然也是实的，但经营者所获得的分红不能“提现”，分红是要被用来偿还期股的。期股经营者要想将期股所有权坐实，首先就要努力经营，使企业获得更高利润，有可供分配的红利。期股的激励核心也就如此这般彰显出来。

倘若企业经营不利，期股的经营毫无可分配的红利，那么期股经营者的所投将有可能亏损或“全军覆没”。这样说来，期权的投入虽然是承担少部分的“首付”，之后再慢慢地用所分配到的“红利”来按揭还款，但其风险性还是很大的，有投入就可能会有亏损，经营者出售需谨慎而行。

对企业而言，推行期股激励政策的最大益处就是，按揭给经营者的期股所创造出来的价值和收益在短时间内无需兑现，企业股票的增值完全

与企业资产的增值、企业创造的效益紧密联系在一起，股票经营者们所关注的也是企业长期发展和长远利益。除此之外，股票经营者的股票收益长期渐进分散化，避免了因单次“重奖”加大股票经营者和公司普通员工之间的收入差距，减少了很多不必要的矛盾。期股的第三个优点更体现在它的“财富值”，它有效解决了经营者购买股票的融资问题，不至于让经营者的投资变成了“先融再投”。特别是在国有企业长期实行的低工资政策下，企业成员自上而下的总体收入都不高，很难一下子拿出足够的资金来购买企业股票。期权科学地解决了来自于“全款”投资的压力，经营者只需要支付一部分“首付”即可。

最早出现期股政策的是20世纪70年代的美国，直到20世纪80年代，这种激励政策的奥妙和巨大激励效应才被越来越多的企业家发现。我们以硅谷为例，看看电子及计算机工业的至尊是如何玩转期权激励的。

20世纪90年代的硅谷，股票期权更像是一种公司文化，只不过这种公司文化成了企业员工梦寐以求的生活方式。特别是初创期的高新技术型企业，纷纷采取股票期权制来招揽技术型天才和那些热衷于“冒险”的天之骄子为公司工作。

表4–2：硅谷公司期权分配对象及分配比例

序号	激励对象	期股占比
1	外聘CEO	5%～8%
2	副总	0.8%～1.3%
3	一线管理人员	0.25%
4	外聘董事会董事	0.25%
5	普通员工	0.1%

期权的总数目约占公司15%～20%的股份，在这些硅谷创业公司当中，普遍盛行"全员持股"和"大量员工持股"，当然，根据员工级别、工作类型、为公司创造价值潜力等的不同，所授予公司的期权数量有所区别。成功的期权制有效地激发了员工的工作热情，特别是让每一位员工都有一种主人翁意识，让企业家与员工成为了利益上的"合伙人"。

中国地区期股制的特点及存在问题见表4-3。当很多的企业都采取期权制吸纳和留住核心人才时，人才又该何去何从？在这里以中国互联网三大巨头BAT为例，帮你分析作为掌握核心技术的你该如何根据期权选公司。

表4-3：中国地区期股制的特点及存在问题

类别	内容	特点	问题
北京期股制	北京期股奖励的对象主要是董事长和经理。经公司出资人或公司股东会同意，公司其他高级管理人员应以现金投入获得股权形成经营者群体持股。 经营者群体持股的比例一般为公司总股本的5%～20%。其中，董事长和总经理持股比例应占经营者群体持股总额的10%以上。	（1）以现金投入获得期股。有关政策规定，经营者持股的出资额不得少于10万元，期股份额以其出资额的1～4倍确定。企业如果有5000万元净资产，董事长持股额为5000万总股本的1%即为50万股，其出资额为50万元，期股为50万～200万股。 （2）期股以既定价格认购，分期三年补入。假定A企业净资产为4000万元，折合4000万股，每股1元。董事长持股1%为40万股，按1倍确定期股。三年内每年抵补13.3万元期股。先用期股收入补，期股收入K＝期股总额（40万）×净资产收益率（假定为30%）。K＝12万元。还差1.3万元，再用实股收入补，实股收入K＝实股（40万）×净资产收益率（30%）。K＝12万元。剩余部分可享受投资收益。	（1）北京的期股更像是一种可预期的股票，与期权相去甚远。 （2）期股变现实行"3＋2"模式，即任期届满后二年才可变现，时间比较长，风险比较大。

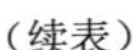
（续表）

类别	内容	特点	问题
上海期股制	责权对等针对性强，1999年初，上海市委组织部、上海市国资办、上海市财政局决定对国有企业经营者实施期股激励制度。上海的期股激励分两种类型。 一种是在国有资产控股的股份公司和有限责任公司中，经营者在一定期限内，经董事会批准购得或奖励适当比例的企业股份；一种是在国有独资企业，借用期权的形式，对经营者实施年薪以外延期兑现的特别奖励。	（1）方案设计比较细致，有针对性。如区分国有资产控股的股份公司、有限责任公司与国有独资企业的不同情况，将期权激励划分为两种不同的类型，并对其期股来源方式、内容作了相应规定。 （2）方案设计比较系统，考虑了各种利益因素之间的衔接，从激励类型、对象、主体、途径到期股获取形式、数额、变现等都作了详细规定。 （3）强调契约性，这个方案一直注重按照契约精神与合约内容来实施期股制，并对违约者严惩。它规定任期内未完成业绩指标的国企经营者，期股分文不给，并扣除一定数额的个人抵押金。 （4）几个特殊规定：上海的期股激励对象是董事长及竞争上岗的总裁、总经理，武汉仅为企业法定代表一人，北京则为经营者群体；上海期股实行“3＋0”模式即在经营者任期届满必须立即变现，不能延期，而北京实行“3＋2”模式即期股在经营者任期届满两年后才可变现。	（1）有期权制的“形”而缺乏期权制的“神”，以权利为中心的期权制变成了以股票为中心的期股制； （2）期股奖励的总体水平比较低，其激励作用难以发挥。
武汉期股制	武汉国资公司对企业法定代表人实行年薪制，年薪由基薪收入、风险收入和年功收入三部分组成。其中，基薪收入是年度经营的基本报酬，按月以现金方式支付；	（1）它实质上是年薪制的延伸，并不是真正意义上的股票期权。武汉国有资产经营公司对全资、控股企业法定代表人实行年薪制，年薪由基薪收入、风险收入、年功收入三部分构成。其中，风险收入的30%以现金兑付，其余部分转化为股票期权或股份期权。期股就成为年薪的一部分。	（1）激励对象范围太小，只限于企业法定代表人一人。

（续表）

类别	内容	特点	问题
武汉期股制	年功收入是以前年度经营业绩的累积报酬；风险收入是年度经营效益的具体体现，由国资公司根据经营责任书及企业实际经营业绩核定，该部分收入中的30%以现金兑付，其余部分转化为股票期权（对于有限责任公司则转化为股份期权）。	（2）武汉以两种方法实行期股。一种是针对上市公司法定代表人的期股，一种是针对非上市公司法定代表人的期股。前者的期股由国资公司用企业法人风险收入的70%在股票二级市场上按该企业年报公布后一个月的股票平均价格购入，由国资公司锁定、托管，按合约逐步变现。后者的期股由国资公司将企业法人70%的风险收入按审计确定的当年企业每股净资产折算成持股份额。 （3）武汉期股制实施的风险较小。期股是由企业法人风险收入转化来的，它不需要企业经营者支付前期的现金。	期股制若只激励一人，而不是激励若干人（包括经营者群体、技术骨干群体、管理者群体），其作用将是有限的。 （2）期股在薪酬结构中的比例偏低。美国企业家期权收入占年薪收入80%以上，武汉不到50%。比例偏低，激励效应不大。

NO.1：阿里/蚂蚁，该公司采取的是全员持股制，核心的阿里人才持股比例最高，蚂蚁金服全员持股的举措彰显了互联网公司的开放、利益分享的核心。对于这类发展迅速的企业，选择加入的时机至关重要。比如2014年和2015年不同时期进入公司的同一级别员工，他们享有公司的期权对比有多有少。

NO.2：腾讯，公司“职业经理人”因素强烈，进入这种“外企文化”典型的公司，所选业务范畴很重要。相比期权和现金，公司更愿意支付给员工现金作为报酬。不差钱儿的企业里，创业的那种拼搏劲儿就少了很多，员工录取模式也多为职业经理人，不同部门不同职位的薪资也有很大区别。

NO.3：百度，这是一个允许“牛人”空降的企业，不怕你有才，就怕你不来！选择投身这样的企业，最重要的就是入职前的“谈判”。所谓一锤定音，只要谈妥了，足以证明自己的实力，那么工资就不再是约束条件了。百度在这一点上与阿里巴巴是有很大区别的，阿里巴巴善于自己培养高层，而百度更多则为空降指挥官，还可以带着整个团队与百度为伍。不过，“空降”也有不利的一面，派系分明，小团体意识强烈。

有关期权的使用和选择，我们做了以上的分析，企业如何使用期权制，人才如何通过期权选公司，相信你已有了自己的答案。

3. 限制性股票：对激励对象有效管控

限制性股票，顾名思义，对激励对象具有一定的限制性，从而有效地管控激励政策的实施过程。它是指上市公司依据预先确定的条件给予激励对象一定数量的公司股票，而激励对象必须满足工作年限或公司业绩目标，符合股权激励计划的双重条件，才有权利通过出售限制性股票的方式从中获益。从国外一些实际操作经验中可知，限制性股票的设计方案主要包括获取条件和出售条件两项“限制”。

国外公司激励对象所获取的限制性股票为公司股份中的一部分，一般是企业无偿或者象征性地收取一点费用后予以激励对象；中国的《上市公司股权激励管理办法（试行）》中规定，限制性股票所属者获取条件即为股票的业绩条件，言外之意，公司在设计激励方案时，其获取条件受到该上市公司相关的财务数据及指标的约束。

对于限制性股票的出售条件，国外的公司没有过于独特的条款约定，一般情况下包括可售出股票市价条件、年限条件、业绩条件等；中国则对限制性股票的出售明文规定了禁售期限，但允许上市公司依据自己的要求在激励计划方案中设定其他符合出售的条款。

限制性股票与限售股不同，与我们上文中提到的期权以及下文我们即将分析的增值权也有所区别。

表4–4：期权、增值权、限制性股票、限售股的区别

<table>
<tr><th>类型</th><th>性质</th><th>应纳税所得额</th><th>应纳税额</th></tr>
<tr><td>股票期权</td><td>股权激励</td><td>（1）授权：不确认所得。
（2）行权前：工资薪金。
（3）行权：工资薪金（行权股票的每股市场价－员工取得该股票期权支付的每股施权价）×股票数量。
（4）行权后：股息红利或财产转让（再转让价格减去购买日价格）。</td><td rowspan="3">（1）第一次取得应纳税额＝（股票期权形式的工资薪金应纳税所得额／规定月份数×适用税率－速算扣除数）×规定月份数。
（2）两次以上取得应纳税款＝（本纳税年度内取得的股票期权形式工资薪金所得累计应纳税所得额÷规定月份数×适用税率－速算扣除数）×规定月份数－本纳税年度内股票期权形式的工资薪金所得累计已纳税款。</td></tr>
<tr><td>股票增值权</td><td>股权激励</td><td>（行权日股票价格－授权日股票价格）×行权股票份数。</td></tr>
<tr><td>限制性股票</td><td>股权激励</td><td>（股票登记日股票市价＋本批次解禁股票当日市价）/2×本批次解禁股票份数－被激励对象实际支付的资金总额×（本批次解禁股票份数/被激励对象获取的限制性股票总份数）。</td></tr>
<tr><td>限售股</td><td>股权改革</td><td>限售股转让收入－（限售股原值＋合理税费）
不能提供原值证明：限售股收入×（1%～15%）。
需要调整：待扣并解缴税款次月1日起3个月内提出申请。</td><td>应纳税所得额×20%。</td></tr>
</table>

如表所示，限售股是指以国企为代表的曾经的上市公司中大部分法人持有的法人股，法人股与公司的流通股“同股同权”，成本却非常的低——股价波动的风险无需法人承担，全部由流通股的股东承担，但法人股不能在公开的市场上自由买卖，只能在股权分置改革之后才能自由流通和买卖。如果转让限售股，则需按照财产转让所得来计税。

结合2016年派思股份推出的194万股限制性股票激励计划方案及相关

数据，我们分析一下，限制性股票激励方式中应关注的几点内容。

方案内容显示，2016年2月5日，派思股份（603318，买入）发布限制性股票激励计划，公司拟定向公司董事、高级管理人员及子公司管理人员等总计9人授予194万股限制性股票，授予价格为19.97元/股，总价值近3900万的限制性股票占公司总股本的1.61%，首次授予1.45%（175万股），预留0.16%（19万股），股票均来源于公司向这部分激励对象定向发行的公司A股。该计划的有效期自授予之日起至股票全部解锁或回购注销之日止，最长时限为60个月，但激励对象被授予限制性股票的前12个月属于锁定期，锁定期后的36个月分别按照30%、30%、40%比例解锁。该公司2016～2018年的净利润较2015年，增长率分别为50%以上、80%以上和100%以上。

以上的方案设计提到了几个关键词：授予日、锁定期（也称为禁售期）、解锁期，另外需要我们了解的还有惩罚性条款。所谓的授予日，是指公司通过股东大会达到《限制性股票股权激励计划》的授予条件时，授予公司员工限制性股票的日期，这个日期同时也是激励对象的股票“落户”中国证券登记结算公司的登记日期；禁售期就是员工受取得限制性股票后不得通过任何方式转让的期限，这个期限至少要满足12个月；禁售期结束后即进入股票的解锁期，这个时期只有公司的业绩满足规定的计划条件，员工的股票才能按照计划分期解锁，不能满足其中任一项条件，限制性股票就会继续被限制着，这更充分体现了这种激励政策的“保守”，公司对激励对象的管控更高效。除此之外，这种激励措施更致力于管控还表现在计划中所规定的惩罚性条款，在限制性股票授予前和授予后，都有相应的惩罚性条款。一旦员工被定义为考核不合格，将不被允许“解禁”，相对而言比较人性化的是，当期的惩罚不影响其他批次的限制性股票的解锁。

2015年10月，苹果公司开始将原来只有专属于高管的限制性股票RSU项目面向全员发布，让“每一位为苹果工作的人都有资格获得RSU”。

RSU原本是苹果最高管理层和核心产品工程人员的专属福利，是帮助苹果留住人才的重要方式之一。库克接任乔布斯出任苹果CEO，在2011年的时候获得苹果授予的100万股RSU，随后的十年期间，这些股票渐进成为库克的财富，到2021年将全部归属库克。

“我激动地告诉你们，管理层已经制定了一个股票归属的新计划，该计划通过RSU的授予来实现，旨在覆盖之前没有资格获得苹果股票的员工，包括我们表现优异的零售和AppleCare团队的众多员工，”库克在致全苹果公司员工的信件中如是说，“在苹果，我们最为重要的资源，我们的灵魂，就是员工。除了之前公布的多项福利计划，新的RSU项目是我们表达感谢的又一种方式。”虽然准备“普及”了，但授予员工的RSU数量还是明显少于公司高管层的。

限制性股票激励政策在像苹果这样的国际大型公司中作为全员都有权利享有的激励政策实施是比较少见的，可见在竞争激烈的国际环境下，任何公司都迫切希望留住人才。

4. 虚拟股票：所有权和收益权分离

如果说我们前文所提及的股权激励形式是企业给予员工物质方面的财富，那么虚拟股票便可以被定义为物质兼容精神双层面的财富激励。虚拟股票是一种并不存在实际股票的激励政策，因此虚拟股票所有者的权利只有分红权和股价升值收益，并不具备所有权和表决权，虚拟股票也不能用来转让和买卖，员工从公司离职后所享有的虚拟股票权利自动取消。

表4–5：虚拟股票的类别及与股票期权的不同之处

类型		内容	与期权的不同之处
上市公司	溢价收入型	虚拟股票获得者与企业普通股股东一样享有股票升值带来的收益。即在期初授予激励对象一定数量的虚拟单位，并以授予时股票二级市场的价格作为基准价格。如果将来股票的市场价格高于基准价格，激励对象可以获得虚拟股票溢价带来的收入；如果企业股价下跌至基准价格以下，则激励对象分文不得。	（1）虚拟股票的激励对象到期后获得的只可能是企业股票的溢价收益，而不可能获得企业的股票； （2）虚拟股票的持有人只享有溢价收益权，而不享有股权的其他权益； （3）虚拟股票的兑现机制为企业按股票的二级市场价格的差价直接给予激励对象，而股票期权是将股票以行权价卖给激励对象，然后由激励对象自己去市场上兑现获得收益。

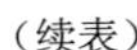
（续表）

类型		内容	与期权的不同之处
上市公司	股利收入型	虚拟股票获得者与企业普通股股东一样享有股票分红的权利，即在期初授予激励对象一定数量的虚拟股票单位，激励对象的收入为到期后其持有的虚拟股票单位乘以企业每年派发的每股红利。	激励对象只可能享受到企业股票的分红收益，而不可能实际获得企业的股票或获得企业股票的溢价收益，因此激励效果一般不是很理想。
非上市公司	内部价格型	指非上市公司将虚拟的企业股权奖励给企业的激励对象，股权由虚构的股票组成并以簿记的方式发给企业的激励对象。这种虚拟股票的价格由企业或企业外部顾问性质的中介咨询机构来确定，一般每年确定一次。激励对象获得的收益为持有购股权兑现的股数乘以每股虚拟股票的价值升值。	（1）激励对象赖以获得收益的基础只是企业内部虚构的股票，并且只享有虚构股票的溢价收益权；（2）虚拟股票的价值并不与企业股票的市场价相对应，而是由企业内部的财务指标等予以确定，是市场中介机构的评估确认值。

表4-6：虚拟股的操作要点分析

序号	操作要点
1	股票二级市场的风险。如果在二级市场股票的波动幅度加大，公司将承担很大的市场风险，可能发生兑付危机，给公司造成损失。最明显的是，一旦今后股价大涨，其激励基金可能无法支付到期应兑现的金额。长期执行也缺乏相应的资金支持，处理比较复杂。

（续表）

序号	操作要点
2	行权价如何确定。行权价定高了，则获利空间小，不会有经营者去买；定低了则会使人感到不公平。这其中存在一个股票期权行权价激励和约束的强度问题。国际上，行权价主要分为现值有利法、等现值法和现值不利法，其参照系是该公司在股市上的现行股价。我国当前的股市存在不合理性，股价偏离其实际价值，且波动较大，所以照此确定行权价很难。国内企业如要确定行权价，最合适的是实行现值有利法，即行权价低于当前股价，否则激励的效果差。
3	如何考核参与虚拟期权计划的人员。对经营者业绩进行科学的考核，是实现经营者报酬与其业绩挂钩的前提。如果考核指标无须任何努力即可达到，或者并不是在期权与期股的作用下实现的，那么，激励合约并未实现其目标。以净资产收益率还是以股价作为考核指标呢？一般情况下，公司的具体财务指标反映企业过去的表现，股票二级市场的表现用来预期上市公司未来现金流。一个有效的经营者业绩考核体系，应该将两者结合起来。

华为的股权激励政策一度被认为是中国企业最具典型的代表。公司对外公布的年报显示，2010年华为年销售收入1852亿，同比增长24%，人力成本支出306亿，同比增长23%，以当年华为11万员工计算，平均每个华为人的年收入约28万，如此高薪自然能留得住人才，也能吸引更多的人才。早在2001年，华为就开始授予核心技术员工虚拟股票了，2012年，虚拟股分红1.46元/股，华为支付员工的总分红和奖金超过125亿元。华为虚拟股一直被内部员工视为“唐僧肉”，每年的分红都给华为超过6万名持股员工创造了丰厚收益，也让华为的股权激励成为中国企业的典型案例。

除了华为成功采取了虚拟股激励政策，成立于1988年的上海贝岭微电子制造有限公司是我国最早应用虚拟股票期权激励政策的上市公司。时间追溯到1997年，上海贝岭上市的前一年，由于微电子行业人才供求严重失衡，国内相关技术人才供给不足，中国的外资企业高薪制度激荡着中国技术型人才的选择，海贝岭内部管理技术骨干也在不断外流。1998年公司上市后，人才不稳、国内外竞争的情况未曾缓解，到了1999年，公司决定推出虚拟股激励计划。这项具有长期激励作用的政策一经成功出台，对吸纳留住人才、公司稳步发展都起到了划时代的作用。

非上市企业玫琳凯公司早在1985年就实行了虚拟股票激励策略。当时的玫琳凯公司销售额急剧下滑，公司财务危机重重，领导层“被迫”设计出一种虚拟股票，给予30位企业高管价值1200万美元的15%公司虚拟股权。这次虚拟放权为玫琳凯带来前所未有的生机，1990年，玫琳凯虚拟股票增值超过2倍。

从以上成功案例看，虚拟股票实质上是一种享有企业分红权的凭证，而并不具有其他权利，丝毫不会动摇公司的总资本及股本结构，这种所有权和收益权有效分离的制度，更好地保护了企业的资本，减少一切外在动摇企业财力根基的因素。同其他股权激励政策相同的是，虚拟股票的内在激励作用效果明显，虚拟股持有者通过自己的努力帮助企业实现盈利，从而得到更多的红利；来自虚拟股的收益不会受到股市下跌的影响，相比之下，虚拟股对于持有者来说，貌似更真切。

利益的两端，有获取自然也会有失去，虚拟股激励模式的缺点也在很多失败的操作中清晰可见。正因为虚拟股除了公司利益而不受其他任何因素左右和影响，往往会导致虚拟股持有者过分关注公司的短期效益，忽视长期发展。加之持有者对红利分配十分敏感，也会导致公司在现金支付上压力过大，因此，这项激励措施更适用于那些现金流量充裕的公司。

虚拟股因其自身并不存在的“虚拟性”，往往也会成为犯罪分子榨取钱财的一个手段。2013年，浙江乐清发生一起传销案，当事人林某、培训师李某以介绍受骗者购买“sitetalk”“unaico”等虚拟股票并发展下线的模式进行传销活动。当事人对外称之为试模股权（DSC），通过出售一个叫碳金融股权的形式在网站上向下家实施传销诈骗，要求下家购买“sitetalk”“unaico”等虚拟股票，每股售价4800元，同时，要求购买人员发展下线，新发展人员每购买一股则奖励上家500元。

企业在实行虚拟股计划的过程中，一定要记住这类激励措施的操作要点，以企业实际情况为出发点，切莫因“病急乱投医”而伤人伤己。

5. 股票增值权：通过股票增值获利

简单地说，股票增值权就是拥有股票“增值”那部分收益的权利。所有者不用购买企业实际的股票，到约定的时期接受后直接享有公司股票增值部分的收益，所谓的增值部分为“结算”时股票市价与约定价之差。这部分增值收益可以为现金，也可以为公司的股票。对于增值权所有者来说，没有购买实际的股票，就不会因为股市的跌宕而影响自己的收益，还是十分“避险”的。

2000年，中石化开始向境外发行H股，采取预留部分股份的方式作为其股票来源，与此同时，对公司480名关键部门的高级管理层实行了股票增值权的激励模式，包括董监事（不含独立董事）、总裁、副总裁、财务总监、各事业部负责人、各职能部门负责人和各分（子）公司及附属公司负责人。480名高级管理者共享有2.517亿股H股增值权，占公司总股本的0.3%。这次增值权激励计划的行权实现为5年，自行权之日起，所有者享有当日H股发行价1.61港元/股，两年之后正式行权，第三年、第四年、第五年的行权比例分别为30%、30%、40%。中石化就公司利润、回报率、成本降低三方面作出相应的业绩考核指标，所有者只要达到公司规定的指标即可行权。

股票增值权在上市企业的激励政策中十分常见，它与工资、业绩奖金

联合组成了高级管理人员的收入。上市公司高层的工资其实只占其总收入的25%～35%，其他收入多来自于业绩奖金和公司股票增值权。

表4–7：股票增值权与股票期权的区别

不同点	股票增值权	股票期权
激励标的物的选择	标的物是二级市场股价和激励对象行权价格之间的差价的升值收益，并不能获取企业的股票。	标的物是企业的股票，激励对象在行权后可以获得完整的股东权益。
激励对象的收益来源	采用“企业请客，企业买单”的方式，激励对象的收益由企业用现金进行支付，其实质是企业奖金的延期支付。	采用“企业请客，市场买单”的方式，激励对象获得的收益由市场进行支付。

股票增值权与股票期权并称激励工具中的两大重要分支，尽管二者在激励对象收益来源及所选择的激励标的上有着本质区别，就像硬币的两面，彼此都客观独立存在也无包含关系，但二者都是企业赋予核心人才的一种激励政策，还是存在很多相同之处的。

例如：二者都是金融工具中的“成员”，是由企业伴随着风险和利益赋予高管和核心员工的获利权，行权者可以在获益时选择继续持股，也可以在股价下跌时放弃持有避免损失；期权与增值权给予所有者的收益部分等于股票市价减去所有者行权价的差价；两种激励模式都很好地给行权者画了一个“大饼”，从长期发展规划上起到了奏效的激励作用，但来自于企业对所有者的约束条件尚属于薄弱环节。

如下图所示，股票增值权激励计划的实施有优势也有弊端，那么，企业的股票增值权应如何正确实施呢？

图4–1：企业实施股票增值权的优势与弊端

表4–8：股票增值权的实现方法

<table>
<tr><th>方法</th><th colspan="3">内容</th></tr>
<tr><td rowspan="2">定股</td><td rowspan="2">指给被激励人真实的股还是虚拟的，是现在给还是未来给，是不是可以结合，比如现在是虚拟的，将来是真实的，这是企业家很重要的决策环节。</td><td>期权模式</td><td>股票期权模式是国际上一种最为经典、使用最为广泛的股权激励模式。其内容要点是：公司经股东大会同意，将预留的已发行未公开上市的普通股股票认股权作为“一揽子”报酬中的一部分，以事先确定的某一期权价格有条件地无偿授予或奖励给公司高层管理人员和技术骨干，股票期权的享有者可在规定的时期内做出行权、兑现等选择。
设计和实施股票期权模式，要求公司必须是公众上市公司，有合理合法的、可资实施股票期权的股票来源，并要求具有一个股价能基本反映股票内在价值、运作比较规范、秩序良好的资本市场载体。
已成功在香港上市的联想集团和方正科技等，实行的就是股票期权激励模式。</td></tr>
<tr><td>限制性股票模式</td><td>指上市公司按照预先确定的条件授予激励对象一定数量的本公司股票，激励对象只有在工作年限或业绩目标符合股权激励计划规定条件，才可出售限制性股票并从中获益。</td></tr>
</table>

（续表）

方法	内容		
定股		股票增值权模式	股票增值权（Stock Appreciation Rights，简称SARs）通常与认购权配合使用，其中股票增值权不需要实际购买股票，经理人直接就期末公司股票增值部分（＝期末股票市价－约定价格）得到一笔报酬，经理人可以选择增值的现金或购买公司股票。此外，由于经理人并未实际购买股票，故可避免“避险行为”的发生。
		虚拟股票模式	公司授予激励对象一种“虚拟”的股票，激励对象可以据此享受一定数量的分红权和股价升值收益。如果实现公司的业绩目标，被授予者可以据此享受一定数量的分红，但没有所有权和表决权，不能转让和出售，在离开公司时自动失效。
定人	首先要考虑范围，哪些人能够用股权激励，哪些人不应该用股权激励，公司的股权范围要有多广。	（1）具有潜在的人力资源尚未开发。 （2）工作过程的隐藏信息程度。 （3）有无专用性的人力资本积累。 高级管理人员，是指对公司决策、经营、负有领导职责的人员，包括经理、副经理、财务负责人（或其他履行上述职责的人员）、董事会秘书和公司章程规定的其他人员。 （1）核心层：中流砥柱（与企业共命运、同发展，具备牺牲精神）。 （2）骨干层：红花（机会主义者，他们是股权激励的重点）。 （3）操作层：绿叶（工作只是一份工作而已）。 对不同层面的人应该不同对待，很多时候骨干层往往是股权激励计划实施的重点对象。	
定时	激励型的股份和投资股的区别就在于，它并不会取得一个完整的法律地位。它只是一部分分红权，或者一部分增值权。到了一定时间，什么人能力强，什么人能力弱，就可以检验出来。时间在股权激励中非常重要，要给人一定期限，如等待期、行权期、解锁期。任何一个人、一个事物、一家企业都有生老病死，有年轻期、成长期，衰退期，期权最适合成长期的企业。		

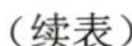
（续表）

方法	内容	
定时	股权激励计划的有效期自股东大会通过之日起计算，一般不超过10年。股权激励计划有效期满，上市公司不得依据此计划再授予任何股权。 （1）在股权激励计划有效期内，每期授予的股票期权均应设置行权限制期和行权有效期，并按设定的时间表分批行权。 （2）在股权激励计划有效期内，每期授予的限制性股票，其禁售期不得低于2年。禁售期满，根据股权激励计划和业绩目标完成情况确定激励对象可解锁（转让、出售）的股票数量。解锁期不得低于3年，在解锁期内原则上采取匀速解锁办法。	
定量	定个量	（1）《国有控股上市公司（境内）实施股权激励试行办法》第十五条：上市公司任何一名激励对象通过全部有效的股权激励计划获授的本公司股权，累计不得超过公司股本总额的1%，经股东大会特别决议批准的除外。 （2）《国有控股上市公司（境内）实施股权激励试行办法》在股权激励计划有效期内，高级管理人员个人股权激励预期收益水平，应控制在其薪酬总水平（含预期的期权或股权收益）的30%以内。高级管理人员薪酬总水平应参照国有资产监督管理机构或部门的原则规定，依据上市公司绩效考核与薪酬管理办法确定。
	定总量	（1）参照国际通行的期权定价模型或股票公平市场价，科学合理测算股票期权的预期价值或限制性股票的预期收益。 （2）按照上述办法预测的股权激励收益和股权授予价格（行权价格），确定高级管理人员股权授予数量。 （3）各激励对象薪酬总水平和预期股权激励收益占薪酬总水平的比例应根据上市公司岗位分析、岗位测评和岗位职责按岗位序列确定。

2011年，南航公司授予118名员工6年有效期合计2466万H股“增值权”，按照约定内容分三次生效，每次可行权股数为总股数的三分之一。然而，到2013年12月，第一批股票增值权生效时，南航公司却因为上一年度的业绩指标没有达到生效业绩的条件，因此，原本第一批增值的755.67万股股票增值权完全失效了，加之一些行权者的退休、离职，南航公司失效的股票增值权累计达到1571.33万股。

股票增值权看似风险系数低，但操作过程中却要严格依据公司业绩来决定其是否有增值的价值。

6. 业绩股票：业绩指标决定一切

业绩股票的利益所向便是企业的业绩，实现既定的业绩指标是业绩股行权者最直接的获利目标。采取业绩股票作为激励措施的公司在某一自然年的年初制定出一个合理的业绩标的，激励对象只要在这个自然年的年终之前达成业绩目标，公司即在年终给予行权者一定数量的奖金以购买公司的股票，或直接赠予公司股票。

业绩股的兑现需要经过一年的锁定期，也就是行权者为公司创造利益的时间段，客观上，这种以普通股作为长期激励行权对象的模式如同镀了一层“保护膜”。

业绩股也可以理解为企业“延期”发给员工的“奖金”，弥补了公司给予员工奖金上的“不足”。但业绩股又不同于传统意义的奖金，业绩股并不会在一个参考自然年的年终全部发放完毕，需要未来的几年业绩作为“考核”，另外，如果企业的业绩理想，股价也会有所上涨，业绩股行权者所获得的激励效果就会增大。但业绩股的流通变现以严格的“业绩”作为考核，且因为具有长期激励的作用，业绩股的兑现也要分批次，即便兑现了一部分，但随后的年份里若行权者业绩没有达标，又或者行权者损害了公司利益或非正常离职，则剩余的业绩股将作废。

表4-9：业绩股票的特点

序号	特点
1	高管人员的年度激励奖金建立在公司当年的经营业绩基础之上，直接与当年利润挂钩，一般与当年公司的净资产收益率相联系，公司每年根据高管的表现，提取一定的奖励基金。
2	公司奖励基金的使用是通过按当时的市价从二级市场上购买本公司股票的方式完成，从而绕开了《公司法》中有关股票期权的法律障碍。
3	高层管理人员持有的本公司股票在行权时间上均有一定限制。
4	高层管理人员的激励奖金在一开始就全部或部分转化为本公司的股票，实际上在股票购买上有一定的强制性。

我国上市公司中采取业绩股票激励模式的占有很大比例，随着几十年的探索和实践，已经形成了应用非常广泛的激励措施，配套考核多以公司的净资产收益率为标的。

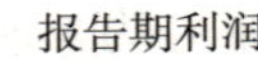

$$\frac{\text{报告期利润}}{\text{初期净资产}+\frac{\text{报告期净利润}}{2}+\frac{\text{新增净资产}\times\text{新增净资产下一月份起至报告期期末的月份数}}{\text{报告期月份数}}-\frac{\text{减少净资产}\times\text{减少净资产下一月份起至报告期期末的月份数}}{\text{报告期月份数}}}$$

图4-2：净资产收益率计算公式

中国首家实施业绩股票激励模式的上市公司为福地科技，1999年～2000年度，福地科技对公司董事、监事、高管等进行奖励，奖励为每年度一次，奖励总额=（税后利润－法定公积金－公益金）×1.5%，其中，董事与高管所获得的奖励额度占总额度的70%，另30%总奖励额度为监事所获。获奖励者所得的金额，80%需要购买福地科技股票，20%才是福地科技发放的现金。

东方创业、天通股份等上市企业也纷纷采取了业绩股的激励政策，

不过，他们对业绩股做了“改进”，使“业绩股票”升级为了“业绩单位”，从而减少了因股市波动而变化的激励参考值。在业绩单位的作用下，企业高管的奖励内容为现金，或等价于现金的市值股票，并且唯一可能受影响的因素为有期初市盈率（指在一个考察期，通常为12个月的时间内，股票的价格和每股收益的比率），除此之外，奖励内容将不再受股价或其他因素影响。

东方创业的激励方案中规定：实现经营目标（税后利润指标），提取税后利润的2%作为基本奖励金；超额完成指标，再按超额区间分段提取，作为超额奖励金，超额10%（含10%），提取超额部分的30%；超额10%～20%（含20%），再提取此区段的40%；超额20%以上，再提取此区段的50%。其中，特别强调了“收益风险对等原则”：设定业绩奖励金的同时还规定了利润指标，即税后利润低于指标10%，按照上一年度行权者收入扣除30%；税后利润低于指标10%～20%，扣除上年度行权者收入的40%；低于税后利润20%～30%则扣除50%的收入。行权者的奖励基金中，30%为现金，70%为风险基金，风险基金由公司保管。

很显然，业绩股票给企业带来了很好的激励效果和更稳妥的配套措施，只是业绩股票有再多的优点，其弊端也同样存在。如下表所示：

表4-10：业绩股票的优点、缺点对比

优点	缺点
（1）能够激励公司高管人员努力完成业绩目标。为了获得股票形式的激励收益，激励对象会努力地去完成公司预定的业绩目标；激励对象获得激励股票后便成为公司的股东，与原股东有了共同利益，更会倍加努力地去提升公司的业绩，进而获得因公司股价上涨带来的更多收益；	（1）公司的业绩目标确定的科学性很难保证，容易导致公司高管人员为获得业绩股票而弄虚作假； （2）激励成本较高，有可能造成公司支付现金的压力；

（续表）

优点	缺点
（2）具有较强的约束作用。激励对象获得奖励的前提是实现一定的业绩目标，并且收入是在将来逐步兑现；如果激励对象未通过年度考核，出现有损公司行为、非正常调离等，激励对象将受风险抵押金的惩罚或被取消激励股票，退出成本较大； （3）业绩股票符合国内现有法律法规，符合国际惯例，比较规范，经股东大会通过即可实行，操作性强，因此，自2000年以来，国内已有数十家上市公司先后实施了这种激励模式； （4）激励与约束机制相配套，激励效果明显，且每年实行一次，因此，能够发挥滚动激励滚动约束的良好作用。	（3）业绩股票激励模式只对公司的业绩目标进行考核，不要求股价的上涨，因此比较适合业绩稳定、现金流量充足的上市公司及其集团公司、子公司。

利益的存在本就是施方与受方相互作用和影响的。企业在采取业绩股票激励措施的过程中，要明确激励范围和激励力度的合适程度，如果激励范围和力度过大，公司承担的激励成本就会提升，导致公司和股东的收益不足以明显体现出来，增大了现金流的压力；反之，如果激励范围和力度过小，激励效果也就减弱或不存在了。不同的行业采取业绩股激励时，所设计的激励范围也要所有不同，比如，传统行业的激励力度可以略低，高科技企业的激励力度则可再提升。

综合分析，业绩股对激励对象、股东及企业而言，优点大于缺点，故而得到中国上市企业广泛应用。首先，在业绩股激励作用下，可谓多劳多得，为公司创造的利润越大，行权者获得的奖励金越多，这种业绩与收入直接挂钩的激励模式紧密地将公司与员工联系在一起。其次，激励模式对激励对象的约束条件十分严格，对股东来说，权、责、利之间对称关系恰到好处，形成了股东与激励对象的双赢，激励方案的设计在股东大会上更容易被通过。再次，业绩股收相关法规政策的限制较少，只要股东大会顺利通关，这种成本低、操作易的激励方案就会带着巨大的创收期望值，引领公司战略发展之蓝图，创业、创收、创佳绩。

7. 延迟支付：为管理层设立的延迟账户

如果说月度绩效考核是企业施予员工的一项短期激励措施，那么延迟支付就应该是长期激励措施的有效途径。即企业将员工的年度总收入中的一部分放于年底统一支付给员工。企业之所以选择延迟支付工资的模式，与其说是帮着公司节约成本，莫不如说真正的目的是“牵制”。我们在生活中也常遇到类似的延迟行为：如有的公司每个月的5日发放上月工资，这种还算不上是延迟行为，毕竟结算工资、评定绩效、审核考勤等都需要一些时间整理的，但有的公司却在每月的月中或月末才向员工支付上月工资，等于变相延迟一个月发放。

延迟支付工资的方式很显然地将有偿授予、逐步变现、风险与权益基本对等的特征呈现出来。对于企业，它最大的优点就体现在将员工报酬中的一部分锁定起来，倘若员工中途“毁约”，这部分被锁定起来的“收入”就会大打折扣，增加了其退出成本，“强迫”行权者必须视企业长期发展为奋斗目标，全力以赴为企业实现业绩达标付以行动，减少了被激励对象的短期行为。而且，延迟支付模式可操性强，不需要鉴证会审批，以股票形式发放给行权者的那部分“工资”合理地为企业做到了“减税”的义务。

延迟支付工资的措施相比之下更适合那些业绩稳定的上市企业，或这类企业的集团公司、子公司。

武汉国资公司是中国上市企业最早一批采取延迟支付工资的集团公

司。1999年，武汉国资公司对21家控股及全资公司的职业经理人支付上一年度薪资时，对武汉中商、武汉中百、鄂武商三家上市公司的总经理采取了将“年薪”兑换成为一部分“公司股票”的措施。

表4-11：“武汉国资”延迟支付模式操作步骤

步骤	操作点	具体内容
1	核定基薪档位异同	基薪收入由武汉国资公司依据企业上年度的经济效益确定，盈利企业按净利润额大小确定为年薪1.8万至4.2万共8档，亏损企业按所在企业现有工资水平单独确定。这一部分作为企业家的基本劳动所得，是年度经营的基本报酬，解决“温饱问题”。
2	风险收入三七分成	对于奖金性质的风险收入，30%以现金形式当年兑付，其余70%留存并将转化为本公司股票期权。风险收入由武汉国资公司根据企业经营责任书及企业实际经营业绩核定，是年度经营效益的具体体现。按规定，对于完成或超额完成、完成任务在50%～100%之间的分别有一套详细的计算公式。对于完成指标在50%以下的，不给予本年度风险收入，并将扣减以前年度风险金。
3	专有账户法人掌权	公司利用自己开设的专用法人股票账户，在股票二级市场上按该公司年报公布后一个月的股票平均价，用当年企业法人代表人的70%风险收入购入该企业股票（不足购入100股的余额以现金形式兑付），同时由企业法定代表人与国资公司签订股票托管协议，期股到期前，这部分股权的表决权由国资公司行使，且股票不能上市交易流通，但企业法定代表人享有期权分红、增配股的权利。
4	伸缩有度法人兼顾	此次购入的股票在第二年武汉国资公司下达企业业绩评定书后的一个月内，返还相当于上年度30%风险收入的期股给企业法定代表人，第三年以同样的方式返还30%，剩余的10%累积留存。以后年份期权的累积与返还依此类推。经返还的股票，企业法定人拥有完全所有权，即企业法定代表人可将到期期股变现或以股票形式继续持有。文件同时规定，如果企业法定代表人下一年完成经营责任书净利润指标（扭亏指标）在50%以下，将被扣罚以前年度累计期股的40%。

上表明显地“标注”出延期支付方式对企业创造出的无可比拟的价值。

首先，核定出公司职业经理人的“价值”。我们都知道，价值是不同于价格的另一种财富值，特别是人的价值很难核定得出来。在企业里，职业经理人的价值就更难核定了，因此也就逐渐被忽略。延迟支付模式将职业经理人等企业核心管理和技术人才的薪酬分成基本收入和风险收入两部分，既保障了行权者的基本来源，也通过绩效风险“保护”起来另一部分酬劳。

其次，延期支付模式减少了企业核心人力的流失问题，巩固了企业的管理层的稳定性，甚至将职业经理人的命运与企业的未来绑定在一起，企业盈利的同时即员工获利，企业利润损失，职业经理人也要为之分摊“埋单”。

再次，避免了行权者与未被激励的对象之间来自于薪酬现实差异的分歧和矛盾，让更多的人同一时间领取到的工资没有过大的差距，让创造出更高利润的激励对象有条件收获更多。

延期支付也隶属于股权激励范畴，但它又不同于传统意义上的股权激励模式。期权模式下，行权者允许在股价上调或下跌时选择继续持股或放弃所有的权利；延迟支付模式下，行权者对股票没有流通兑现的权利。

宝信软件在所采取的延期支付方案中推出了“双十限”，即剔除非经常性因素的影响后净资产收益率达到10%为公司业绩的目标下限；当年公司利润的10%为股权累积金比例的上限。该项措施针对的对象皆为公司骨干员工，延迟期限为3年。实际上，“双十限”中的上限折射出来的激烈度非常之大，以2001年为例，10%的上年度净利润高达380万元，收益的150人占公司中人数的八成，由公司的运营成本直接作为激励对象的兑现酬劳属于税前列支，具有“减税”作用。

三木集团公司领导层的薪酬由年薪、股票、福利三部分组成，在实施延期支付方案中，公司对完成业绩考核者颁发冻结一定时间的“效益奖金”，并以任职期限作为延期支付的期限。例如，公司总裁年薪12万元，根据其上一年度完成的“综合业绩”制定出其“效益薪金”，而其他高级管理人员的“效益薪金”则以公司上一年度净利润的5%为基数。所有行权者的“效益薪金”中70%用来购买公司股票，并锁定于风险抵押中。外贸子公司的职业经理人按照公司注册资本的10%~30%获得有分红权没有所有权的“虚股”，再在所得红利中抽出70%购买公司实股，其实，就是将手中的那部分虚股用自己的获得“变实”了。对于那些有经营能力而没有资金购买公司股票能力的外贸子公司经营者，公司先行支付其10%“干股”，待实现经营目标后，用次年的红利全额填空这10%的干股费用。等于先吃饭，再“刷盘子”，用“刷盘子”赚到的钱直接顶账饭费。

宝信软件和三木集团的延期支付操作给我们演绎了现实版本的“注意事项”，为接下来准备采取该项模式的企业和企业家们敲响了警钟。

延期支付工资的注意点有二：其一，年度工资延迟支付的比重上限一般为年收入的10%~20%，发放方法可以有多种，主要是借用常规年度激励手段的名义，比如借用年底双薪方式发放等；其二，采用年度延迟支付工资时一定要注意，延迟的时间不宜过长。一般都是在12月底，或者在春节前支付，最多也只能延迟到春节刚过，否则对员工的负激励效果将会加强。

8. 干股：可参与分红，不可买卖转让

干股是指行权者未出资即可获得公司“股份”的权利，但这种“免费的午餐”更大程度上隶属于精神食粮，所有者只享有分红权而无所有权。通常情况下，公司领导层会将一部分干股无偿赠送给骨干员工，让员工知道，假如自己持有这么多的股份会得到什么样的收益回报。

干股通常存在于我国私企当中，老板赋予骨干的干股可以变更股权变更手续，也可以不变更，两者的区别就是：可变更股权手续的干股能蜕变成为真正股份被持有并获得国家相关法律法规的保护；没有变更手续的干股在流通市场上被“隐姓埋名”，一旦公司破产或员工非正常离职，这部分来自于企业的承诺和奖励就会随之消失。

干股是虚拟股，但又不同于虚拟股，前文我们已经对虚拟股加以分析，虚拟股可视为股东与企业之间的“一纸合同”。虚拟股与实际股相互对应，虚拟股只可分红而实际股可分红、表决和处置等。干股与虚拟股不同之处在于，干股只可分红，而虚拟股持有者还享有来自于股票增值部分的收益。

表4-12：干股的表现形式及内容

序号	形式	内容
1	权力干股	公司或者股东无偿送给掌握某种公共权权力的人股份。

（续表）

序号	形式	内容
2	管理干股	公司或者股东无偿送给公司管理者股份。
3	技术干股	公司或者股东无偿送给公司技术骨干或某种技术诀窍掌握者股份。
4	信息干股	公司或者股东无偿送给为公司提供经营信息的人股份。
5	员工干股	公司无偿送给公司员工的股份。
6	亲友干股	公司股东无偿送给其亲友的股份。

那么，干股的持有者到底享有哪些权利和义务呢？干股是否真的难以受到法律的保护，说给就给，说没就没？其实，干股并没有大家认为的那么“不可靠”，前文我们也提及了，有的企业对赠与员工的干股也是通过转让变更的，而且，干股本身的存在及行权者获取的前提条件就是签署“赠股协议”，该协议一方面是对行权者的约束，另一方面，行权者一旦发生纠纷需要维权，协议也可以成为“呈堂证供”。因为行权者获取干股没有出资，所以几乎所有的约束条件都以“增股协议”为前提，若协议中包含撤销、无效、解除等内容，干股行权者的身份自然就是“虚拟股东”。股利请求权、表决权等行权者的权利也由“赠股协议”决定，换句话说，就是协议中标明的权利就可能享有，没有标明的就形同虚设。这一点，也需要行权者引起足够的重视，能争取的权利千万别错过签协议时的炭笔一挥间啊！

虽然干股也是分红的一种形式，但干股又不同于分红股。干股是行权者不出股资也能享有分红权；分红股则是公司支付股息另有盈余后再分配给股东的模式。

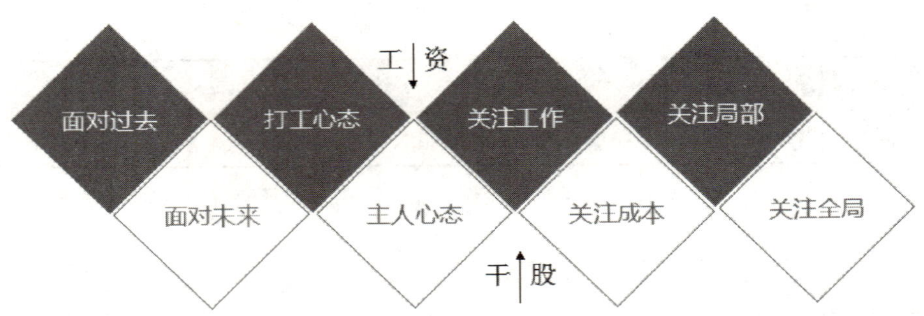

图4-3：干股与工资的区别

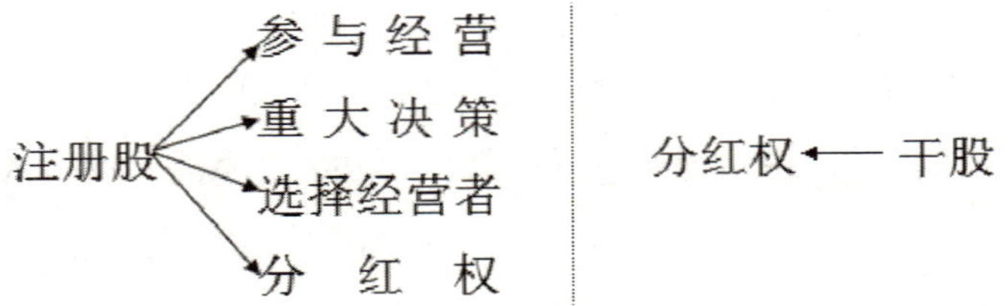

图4-4：干股与注册股的区别

干股不同于普通的工资发放，与注册股也有很大差异，实际操作过程中也有很多细节需要明晰，对于企业而言，在实施干股激励政策时还要注意六个重要问题：其一，干股不隶属于薪酬体系，若盲目赠与行权者权力则有可能产生员工情绪上的不满，影响员工积极性和稳定性；其二，干股对于行权者的上升通道、行权期限并未作出肯定回答，难免让员工没有安全感，对长远发展来说有一定制约；其三，没有明确收回条件，容易造成员工动力不足，未能充分激发员工积极性；其四，不能做到及时、守信地按协议分红，一旦盈利不佳就会减少或不给员工分红，造成员工对企业毫无信心；其五，口头承诺或书面简易协议的签署，使很多约束性条款没有标明，严重不明确；其六，未能将企业文化植入其中，甚至唯利是图，财聚人未必聚，但财散人必散。

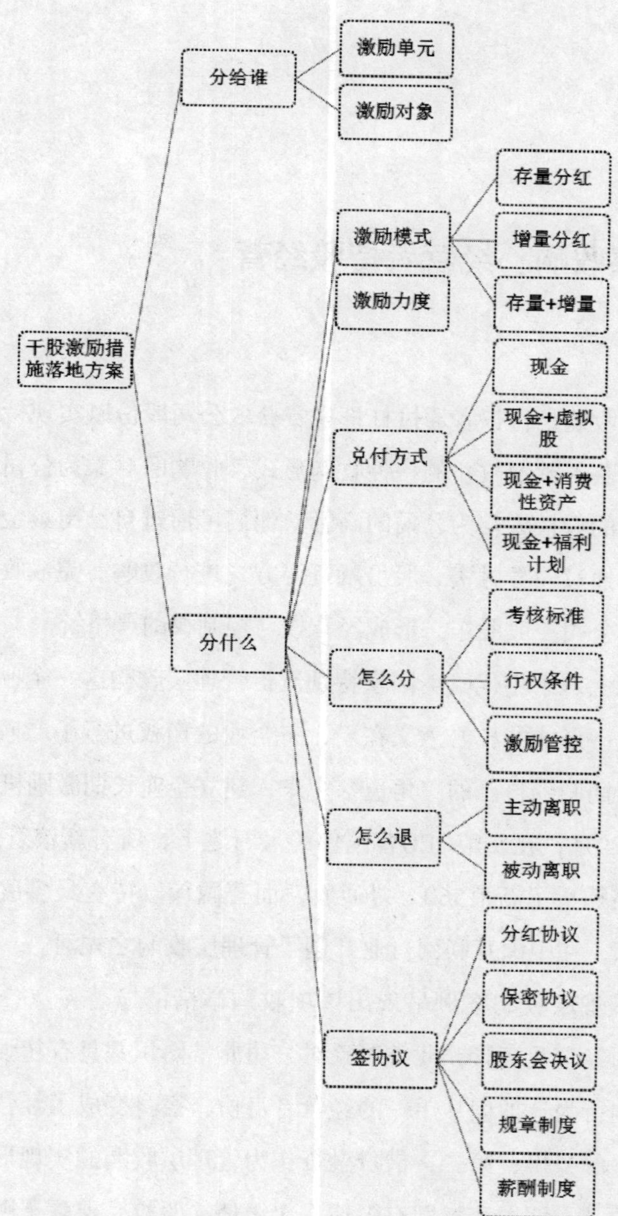

图4-5：干股的落地操作步骤

9. 管理层收购：经营者持股经营

管理层收购是行权者通过杠杆融资获取公司股份以实现持股经营或重组公司，来获得预期收益的一种收购形式，收购的对象为公司股份。管理层收购行为的行权者均为公司的高管，他们可通过自己出本金收购公司股份，也可以通过债券融资、股份融资等方式进行收购。完成收购行为后的行权者即为公司控股股东，形成经营权与控制权的严格统一。

20世纪七八十年代欧美国家特别流行管理层收购这一企业收购方式，在中国，这一形式的核心意义在于，将企业的产权进行了严谨的梳理，让所有者重新回归到自己的“角色”中来，建立企业长期激励机制。

2009年9月，在新浪CEO曹国伟的号召之下，所有新浪管理层以1.8亿美元的价格购买了新浪560万普通股，而曹国伟以持有最多股份者成为新浪最大股东，在中国互联网行业开创了管理层收购之先河。

新浪管理层收购案例呈现出该项收购举措的显著特点：第一，行权对象为公司经理及高管，此类对象对公司非常熟识并具有超强的经营管理能力，收购行为让他们从单一的经营者身份，摇身变成了经营者与所有者“二合一”的身份；第二，借贷融资作为管理层收购的实现形式决定了其财务由来的三方面内容，即有限债、次级债、股权，保障了财务利润的增长空间，公司的管理绩效依存于管理层的经营潜能；第三，该项收购方案通常是现金流量成熟企业的战略发展阶段性模式，管理层收购的杠杆效用明显，管理层需经过债务融资之后才能用被收购企业的现金流量来偿还这部分融资债务，成熟的企业现金流量稳定，可促进收购的顺利达成。

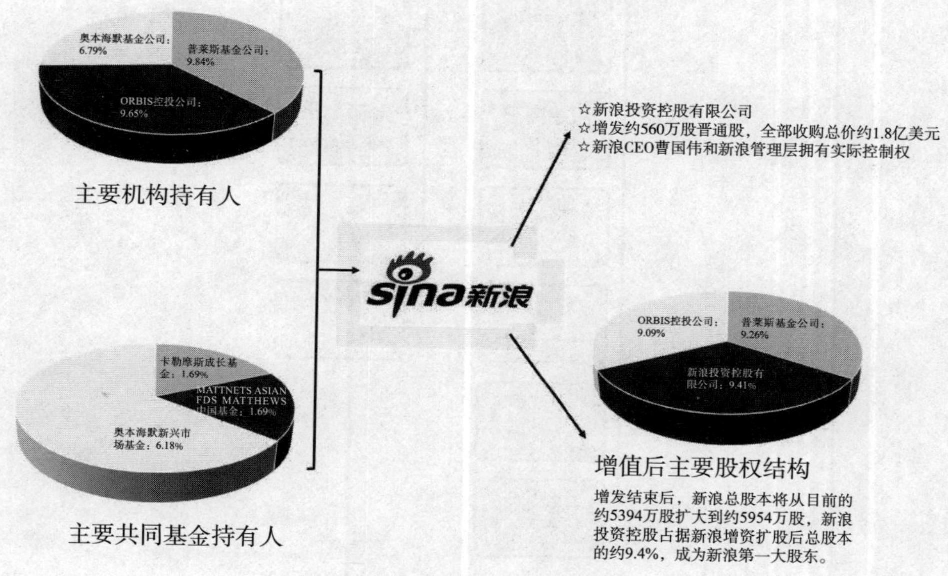

图4–6：新浪持股示意图

管理层收购有效地将企业经营权和控制权统一在一起，使管理层利益与公司利益也紧密相连，经营者视企业存亡为自己使命，这就更大限度地降低了代理成本。通过收购公司股权，管理层的股权收益将会更多，长期激励效果得以彰显。但是，因为收购企业股份需要大量资金，倘若收购过程中处理不好各方面的细节，则有可能造成收购成本的激增，对收购股权的公司管理层来说是一笔不小的代价。

管理层收购模式的实施通常包括四种模式，即管理层收购股东公司、收购母公司下属子公司、收购母公司下属业务部门以及收购母公司。完成收购需要公司原股东愿意与收购者“联谊”，在这份情愿之下，股东及管理层都会从中获益。

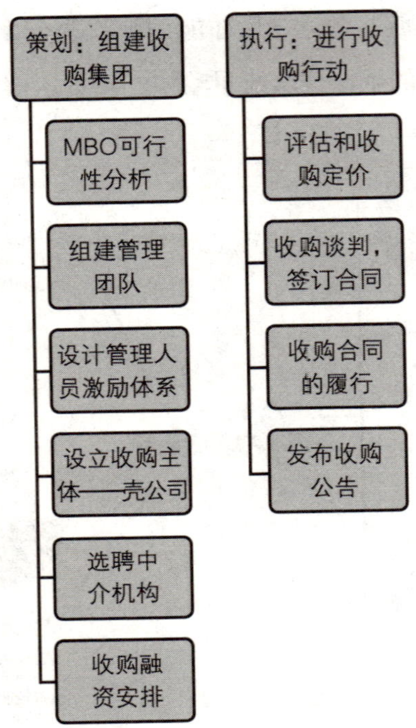

图4-7：管理者收购的一般程序

管理层收购源于英国等西方国家，中国作为发展中国家，其管理层收购模式需经“个性化”改良。那么，中国式的管理层收购模式是怎样体现的呢?

中国式的管理层收购可称之为产权改革，是现代企业制度建立、法人治理结构完善的需求产物，它在一定程度上解决了国有企业的“一枝独秀”，实现了企业的产权多元路径。

北京四通集团是中国式管理层收购的“试水者”，尽管现在提起北京四通已经少有人有印象了，仅有的一点点回忆也就是“打字机之王”。但四通的试水之路还是起到了抛砖引玉的作用，在其之后的不少中国企业通过这种形式扭转了自身的困境。

四通集团之所以选择管理层收购之路，是因为这个企业的前身是一个没有国家投资、没有上级单位的集体所有制企业。四通的前身是7名中科院辞职者向四季青乡镇借款2万元后又挂靠该镇成立的公司，因此“所有制”一直是个问题。四通完成了香港上市资本运作后，只得选择回购的方式对公司进行改革。当时，回购公司股权的对象为原公司的经理及员工，他们一部分出资，一部分吸收外在资金，在原四通集团之外注册1亿元成立“四通投资有限公司”，即“新四通”，注册资金51%来源于四通职工，49%为四通集团投资。

在实际认购的5100万股中，公司总裁占360万股，董事长占360万股，来自于新四通和老四通的14位核心骨干占总认购额一半以上。回购形式采取分批分期的方式收购四通IT相关产业的资产。在实际操作中，新四通拿着四通集团注资的4900万和职工投资，以香港股市缩水时期的股价，回购四通集团在香港四通的全部股份，四通集团变现后将其中一部分现金以“股东无息贷款”的名义“还”给了新四通。

四通回购进一步解决了企业的所有权问题，实现了企业内部职工集资潮，完善了四通结构上的治理，其全新的并购思路实现了企业产权制度上的有效改革。四通的成功先例引来众多国有企业的竞相效仿，这种管理者投资模式是国有股减持的特殊行为。自四通之后的1999~2002年的三四年之间，我国国有企业中已经涌现出粤美的、深方大、TCL、胜利股份、大众交通、特变电工、佛朔股份、红豆股份、杉杉股份等十余家“管理层收购”案，另外走再并购筹划中的企业多达千余家。

表4-13：继四通之后几家“管理层收购”数据一览表

目标公司	收购时间	收购价格	同期每股净资产
深圳方大	2001.06.20	3.28元/股	3.43元/股（2000年）
	2001.06.20	3.08元/股	3.45元/股（2001年）
美的股份	2000.05.10	2.95元/股	3.56元/股（1999年）
	2000.12.20	3.00元/股	3.99元/股（2000年）
特变电工	2001.01.30	2.50元/股	3.10元/股（2001年）
鄂尔多斯	——	1.77元/股	5.64元/股（2001年）

并购是一条充满质疑之路，主要的质疑来自于企业对“收购”的定价，因其中隐匿着许多不为人知的“私信”，深圳方大、美的股份、佛塑股份、宇通客车、特变电工、鄂尔多斯等上市公司在对外公布的数据中关于收购定价的依据始终没有足够充分的披露。从执行价格可以看出，收购价格往往低于公司每股净资产的价格，这就难免让世人猜测其中缘由，而由此带来的国有资产流失、普通投资者利益是否能受到合法保护等问题，都给中国的企业及企业家们提出艰巨的考验。

10. 员工持股计划：员工个人出资认购

综合对股权激励的常用工具的有关分析，其实不难看出，公司股权激励模式多是公司给予管理层、核心技术人才的股权、分红权，真正贴近普通员工的激励措施并不多，即便是有，也多为虚拟股。本节我们要介绍的股权激励工具——员工持股计划，才是真正意义上的员工福利，是继工资、绩效/奖金、分红之外的最令普通员工有所期待的收益获取途径。

员工持股计划，是指员工自己出资购买所任职的公司部分股份。通常情况下，这部分员工认购的股权交由员工持股会管理负责监管，员工持股会管理有权代表行权的员工参与股董事会，对这部分股权进行表决和分红。员工持股计划充分体现了企业与员工共同分享创造出的价值利润的意愿，共同享有企业的所有权和经营权。企业此举意在奠定公司的民主行为，在扩大工资资金来源的同时增加了普通员工的收入，切实保障了员工的收入来源，从而夯实了员工对企业的忠诚度，将企业收益权调整为企业约束制度。

表4-14：员工持股计划的操作流程

序号	流程内容
1	进行实施员工持股计划的可行性研究，涉及政策的允许程度；对企业预期激励效果的评价；财务计划；股东的意愿统一等。

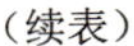
（续表）

序号	流程内容
2	对企业进行全面的价值评估。员工持股计划涉及所有权的变化，因此合理、公正的价值评估对计划的双方——员工和企业来说都是十分必要的。企业价值高估，员工显然不会愿意购买；而企业价值低估，则损害企业所有者的利益，在我国主要表现为国有资产的流失。
3	聘请专业咨询顾问机构参与计划的制订。我国企业由于长期缺乏完善的市场机制下经营的全面能力，因此缺乏除产品经营外的经营能力。特别是对于这样一项需要综合技术、涉及多个部门和复杂关系界定的工程，聘请富有专业经验和有知识、人才优势的咨询顾问机构的参与是必要的。
4	确定员工持股的份额和分配比例。由于国有企业的特殊属性，企业的员工在为企业工作过程中所累积的劳动成果未得以实现，因此在确定员工在为企业贡献所应得的报酬股份以外，员工持股的比例也要跟计划的动机相一致，以保证既能够起到激励员工的目的，又不会损害企业原所有者的利益。
5	明确职工持股的管理机构。在我国，各个企业基本上存在着较为健全的工会组织，因此，员工持股的管理机构将会是企业的工会组织。而对于一些大型的企业来说，借鉴国外的经验，由外部的信托机构、基金管理机构来管理员工持股信托也是可行的。
6	解决实施计划的资金筹集问题。在国外，实施ESOP即公司员工持股计划主要的渠道是金融机构的贷款，而在我国现在的情况下，仍然以员工自有资金为主，企业提供部分低息借款。金融机构目前在ESOP中的介入似乎还没有，但是不管从哪个方面讲，这样做都是有可行性的，并且对于解决银行贷款出路问题，启动投资和消费有一定的促进作用。
7	制定详细的计划实施程序。实施ESOP详细的计划程序主要体现在员工持股的章程上面。章程应对计划的原则、参加者的资格、管理机构、财务政策、分配办法、员工责任、股份的回购等作出明确的规定。
8	制作审批材料，进行审批程序。计划要得以实施，通常要通过集团公司、体改办、国资管理部门等部门的审批，但是在实施操作中也存在灵活的做法。

员工持股计划普遍存在于各式公司重组中，体现为代替或辅助对私人公司的购买、资产剥离、挽救濒于倒闭的公司以及反接管防御。美国西北航空公司正是采取了员工持股计划才挽救了濒临破产的公司，终扭亏为盈。

20世纪80年代末90年代初的美国，由于政府解除了昔日对航空业的诸多限制，大量新兴航空公司如雨后春笋般冒出来，致使行业竞争日益激烈，加之油价上涨，政府取消了对航空业的相关补贴，美国航空业出现了前所未有的亏损局面，仅1990～1993年间的亏损额就超过了1990年之前20年的盈利总和，其中美国西北航空公司是亏损最为严重的公司。

为了扭转公司严重亏损的局面，公司两位私营投资者从1989年开始对公司进行诸多改革，但这些改革并没有盘活濒临灭亡的美国航空业，更没有让西北航空公司起死回生，公司亏损已经严重到资产负债率100%。1993年，公司的净收入只有1.6亿美元，而那个时候，公司需要偿还的本金就高达3.3亿美元。西北航空公司在这样的背景下是有权利申请破产保护的，可一旦公司宣布了破产，公司所有的净资产都要用来偿还债务，债权人与银行的利益将受到最大的损失。另外，公司破产影响最大的还是员工，一大票的飞行员、空乘人员将面临失业。再者，西北航空公司服务的航线多为亚洲国家，东方人的思想向来比西方人保守，他们很难接受“破产”。因此，西北航空公司的“破产”计划也就搁浅了。

企业重组如同“救命稻草”被推到了拯救西北航空公司的重任上，公司股东、雇员及银行三方面多次协商终达成一致，决定由四大债权人再次贷款2.5亿美元给公司“救命”。这次重组依然没有挽救西北航空公司。到1993年的年底，公司负债近48亿美元，此时的西北航空早已“病入膏肓”，公司股东、债权人、员工再次协商，决定“死马当成活马医”，再来一次破釜沉舟的挽救行动——股权结构大调整：全面实行员工持股制，加强公司经营管理。这次调整的主要内容包括员工持股计划的实行办法、员工持股后的产权关系、员工持股后的经营效果等方面。

表4-15：西北航空公司员工持股计划的实行办法

序号	相关内容
1	西北航空公司的职工在3年内以自动降低工资的方式，购买公司30%的股权。
2	按比例降低工资。由于公司职工的收入差异很大，因而采取按比例降低工资的办法。具体做法是：年薪1.5万美元以下者不降低工资；年薪2～2.5万美元者降低5%工资；年薪3～4.5万美元者降低10%工资；年薪5～8万美元者降低15%工资；年薪8万美元以上者降20%工资。
3	债权人重新确定还债年限，把还债高峰由1993年推移到1997年和2003年。
4	2003年债务全部偿还后，如果雇员想出卖股票，公司有义务从雇员手中全部回购股票。

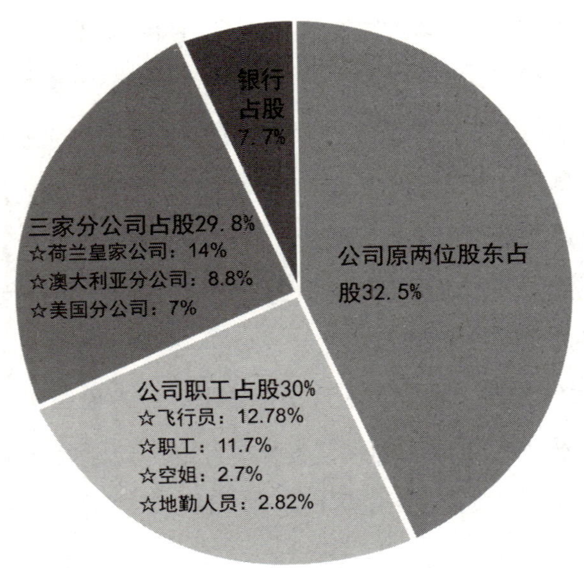

图4-8：西北航空公司在其员工持股后的产权关系

具有投票权的特殊优先股，员工持股的股息年利5%，并且可以由优先股向普通股转换，在股市上也可以自由转让。员工持有股依据法律同样具有投票权，这部分权力由托管机构代为行使，且每年向员工通报股票数量与市价。由于雇员持股的比例较高，雇员代表直接进入公司董事会。公司董事会由15人组成，其中雇员董事3人，分别由飞行员工会、技师工会和空姐工会选举产生。

西北航空公司实行员工持股计划后，迅速扭亏为盈，并且成功上市。可见，在企业危难之际，来自于广大企业员工的信心和参与的积极性是企业重塑不可缺少的因素。“水能载舟，亦能覆舟”，企业切莫忽略了员工的战斗力。西北航空公司在这次持股计划中虽然被迫采取了对员工进行降薪的方法（员工通过被降低的薪资来认购公司相应价值的股权）来达到减少公司成本支出的目的，却超值地调动起了员工的工作积极性，在困顿期度过了企业危机。

第五章

综合运用：发展出属于自己的组合方式

1.最常用组合：干股＋实股＋股份期权

很多企业在实际操作股权激励政策的过程中，往往会遇到与所效仿案例相悖的现实状况，如同“成功更适合模仿而非复制”一样，企业股权激励模式也不可照本宣科，完全拿过来就用是不得当的。一般来说，创业团队的股权激励方案设计，最好采用“干股＋实股＋期权”的模式。在之前的内容中，我们对股权激励的10种模式均加以了分析，本节不再作出概念性的介绍，以下表为例，只简要地列出三者之间的区别易求同存异。

表5–1：干股、实股与期权之间的区别

区别	干股	实股（股票）	期权
行权对象	对企业有特别贡献的员工	有资历、技能、财力的老员工	高层管理者及核心技术人员
分红是否受限	不受限	不受限	受限，约定的期限内不可分红
是否需要出资购买	不出资	实际支付股票价格购入公司股票	支付约定价格购买公司未流通在外（二级市场）的股票，及直接从股东手里购买
是否有增值权	不可增值	增值	增值

（续表）

区别	干股	实股（股票）	期权
是否有决策权	无决策权	有决策权	无决策权
退出难易程度	简单	复杂	简单
是否有流通权	不可流通	可流通	可流通

有一家网络信息技术公司，它是由三个自然人出资成立的，处在一个高新技术型企业遍地开花的时空里，想要摆脱竞争的威胁和束缚，从中获利、得到快速发展是一件非常困难的事情，但是，这家网络信息技术公司却做到了，不仅在行业内“鹤立鸡群”，还成了华东地区Internet应用平台的提供商和基础网络应用服务商。究其成功秘籍，当是成功的人才激励措施和完善的人力资源整改制度充分发挥出了员工的积极主动性，勾勒出了企业与员工齐进步的美好蓝图。

这家网络技术公司发展迅速，短短几年之间就实现了年销售额500%增长的佳绩，还引进和吸纳了大量高管和核心技术人才，并建立起一整套健全的人才激励政策及完善的工资、绩效、奖金等收入分配体系。现实的“演练”使企业决策层充分认识到，股权激励的真目的不是分配企业现有的财富，而是由公司创业者、高管和核心技术骨干共享公司的成长收益。

于是，公司的创业者计了一套“干股＋实股＋期权”的多层次长期激励计划，激励对象分别为公司高管和各部门核心技术人员共计20人。首先，公司选出部分干股适用者，这部分激励对象多为对企业的历史发展具有卓越贡献以及在公司现状下能创造更高价值和业绩的产出者。干股激励周期为一个自然年，即年初制定业绩目标，年底待公司业绩评定后进行新一轮的调整和授予。给予行权对象名义上的股东身份，以让行权对象在年底分红时，与股东一道分享公司股权红利。其次，在自愿购买原则的前提下，由员工出资购买公司实股，实现让员工主动参与到公司运行中来，并分享公司的成长价值；对一部分高管和核心骨干另出台了股份期权激励措施，将员工与企业的“合作模式”加以科学地“延长”，潜移默化般构建了一支长期、稳定、高技能的团队来为公司创造高额利润。

该公司设计出个性化的“干股＋实股＋期权”三合一激励措施，充分实现了激励效果最优化。干股所实现的短期激励，加上现金购买公司股票和期权制又允许了这种激励的关系所签署的“长工制”，实现了企业对员工的长期激励，体现出公司原股东的包容与利益和平共享的企业文化精髓，激励效果更加明显。

阿里巴巴采取的就是典型的股权激励结合模式。首先，在阿里巴巴上市之前，公司授予员工以及管理层的股权报酬为限制性股份单位、购股权、股份三种，普通员工享有的多为限制性股权，大于等于一个单位的受限制性股份会随同奖金一起打入员工的工资卡内，以作为激励。员工得到受限制性股份后，入职满一年方可行权，每一单位的限制性股份分四年逐步发放完成，即每年行权者可以得到每单位股权的四分之一。每年随奖金一同发放给行权者的除了旧限制性股权25%个单位，另会加入新限制性股权，使行权对象手中的限制性股权数量倍增，形成长期稳定激励员工的模式之一。

阿里巴巴限制性股权的发放多采取并购支付的手段，比如，阿里巴巴收购一家公司的议价为4000万，一般阿里巴巴会支付这家公司1200万（30%）的现金，另外2800万（70%）则以限制性股票的形式支付，且2800万的限制性股份也是分四年来兑现给所收购公司创始人及原始股东。阿里巴巴限制性股权每单位的行权价格只有0.01港元，对行权对象来说是非常保值的一个“价位”，除非阿里巴巴的股价跌到0.01港元以下，否则行权对象就会“不亏稳赚”。这部分激励政策很巧妙地规避了因股权价格波动而导致的行权对象获利变化，针对普通员工的“求稳”心理，确实是一个合适度极高的激励方式。

除了普通员工的限制性股份持有计划，阿里巴巴还多次进行了购股权和股份奖励计划，如：阿里巴巴集团1999年购股权计划、2004年购股权计划、2005年购股权计划及2007年股份奖励计划。在阿里巴巴，只要员工达到一定的级别和通过绩效业绩考核，即可获得公司的股票期权或者限制性股票。阿里巴巴在香港退市后，新授予行权对象的限制性股票自动“升级”为阿里巴巴集团认购股。

阿里巴巴集团的员工属性级别分为非管理层及管理层两大类，其中非管理层又分为14个等级，管理层则分为10个等级。非管理类的普通员工升级到第六层时就可以获得公司的期股或实股，通常六级非管理者可获得1万股期权，七级非管理者可获得2万股期权，员工的期权获得期限多为4～5年，之所以将“战线”拉得这么长，就是要起到“长期＋稳定”的激励效果，同时还婉转地做到了合理避税。

除了限制性股票、期权，阿里巴巴高管层和核心技术层人员还可以获得公司的实股。当然，这部分沉甸甸的果实，马云和阿里巴巴集团是不会免费赠送的，总是需要行权对象支付相应的金额才是。但即便如此，“正价”购买得到阿里巴巴的股份也是一件值得骄傲的事情，相信马云和他的阿里巴巴用短时间内会一帆风顺，那阿里巴巴的股东岂不就坐享其成了吗？

2. 超额利润激励：发挥最大主观能动性

通俗地理解，利润就是收入减去成本后结余的部分。通常情况下，某一地区或某一行业会有一个相对稳定的大多数企业都能实现且上下浮动不大的利润值，称之为平均利润，那些经营得出色且足够领先行业和市场的企业，所实现的企业利润往往高出平均利润，而高出的这部分就称之为超额利润，也可以理解为：超额利润＝实际利润－目标利润。

利润的核算都有一个相对固定的周期，通常情况下是一年，计算利润与超额利润最主要的两个数据便是期末净资产和期初价值。举例说明，某一企业期末净资产为10万元，期初净资产9万元，在没有做任何分配的情况下，公司计算周期内的收益为1万元；如果期内增加发行股份1万元，再支付股利0.8万元，则该公司的利润额为（10－9）－（1－0.8）＝0.8（万元）。

某公司为激励核心经营者的工作积极性，计划实施“超额利润提成”的薪酬激励计划，并将提成的比例分为两部分：基准提成比例和累计提成比例。这是传统超额利润激励措施的“升级版”，通过不同超额部分进行“阶梯＋渐进”式激励行为。进行利润考核的最终数据显示，公司期末实际利润为5800万元，而期初计划经营目标时的目标利润为5000万元，根据先前指定的10%基准超额利润率计算，该公司的基准超额利润为5000×10%＝500（万元），累计超额利润＝实际利润－（目标利润＋基准超额利润）＝5800－（5000＋500）＝300（万元），目标利润至基准超额利润部分的超额利润按照15%计提给所有者，基准超额利润至实际利润的部分按照18%计提，如图5-1所示。

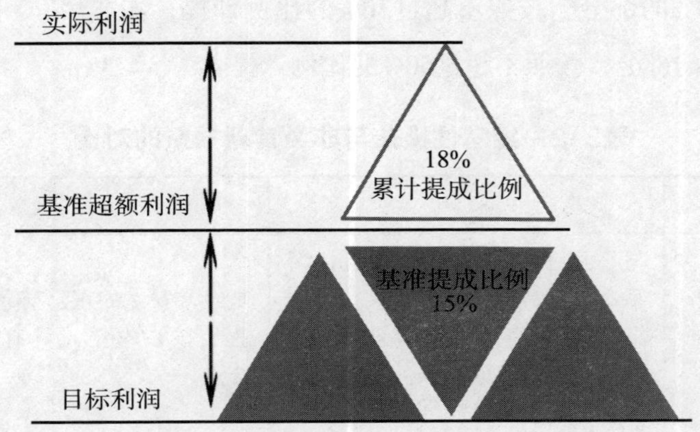

图5-1：某公司超额利润激励方案示意图

一般来说，人的心里都会有一个相对保守的期望值，这仿佛就是一个矛盾体，一方面想获得更高的回报，一方面又想尽可能规避高风险。风险与利润回报如同两个极端，获得利润回报越大所承担的风险也就越大，因此，在预期收益既定的情况下，人们更愿意接受相对稳定的收益，也就是上文提到的从零至目标利润。为了激发员工勇于挑战的工作积极性，一些企业开始用更高的利润回报激励员工，“多劳多得”一贯都是可以被接受的考核标准。

2011年11月，西安饮食推出了超额利润激励计划，激励对象包括公司总部高级管理人员和其他管理人员、各分（子）公司管理班子成员及技术骨干、管理骨干、服务骨干及其他业务骨干。

共享的超额利润采取分段计提的形式，考核期期末，公司净利润较上一年同比增长20%的，以实际利润减去扣非（扣非可理解为“扣除非经常性损益”）后多得的净利润做计提基数，且同比增长的公司净利润以分段形式计提。扣非后净利润增长低于20%，不计提；扣非后净利润增长在20%～50%的部分，按照不超过20%的比例计提；扣非后净利润增长在50%～100%的部分，按照不超过30%的比例计提；扣非后净利润增长在100%以上的部分，按照不超过50%的比例计提。

表5-2：经常性损益与非经常新损益的对比

	概念	异同点
经常性损益	与公司正常经营业务有直接关系，与正常经营业务相关，影响报表使用人对公司经营业绩和盈利能力做出正常判断的各项交易和事项产生的损益。	是经常发生的正常交易，它是企业的核心收益，具有持续性的特点。
非经常性损益	公司发生的与经营业务无直接关系，以及虽与经营业务相关，但由于其性质、金额或发生频率，影响了真实、公允地反映公司正常盈利能力的各项收入、支出。	不经常发生的事项，如资产处置与各种形式的政府补贴等，是非常业务，具有偶发的特点。

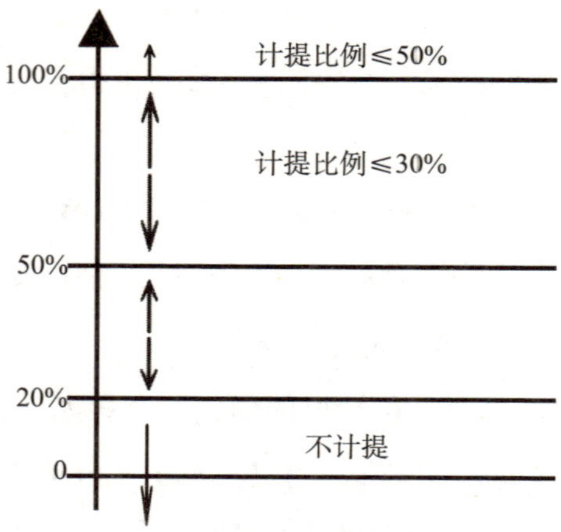

图5-2：扣非后净利润增长百分比及分段计提比例

所有者的行权期限为审计后的120个工作日内，股份锁定期限为5年。公司预计实施此激励计划后的第二年主业净利润增长超过100%，扣除新开店的开办费用后，实现新增利润2100万元。即（1）公司原有网点实现40%增速，这40%为西安市的行业增速，新增利润1000万；（2）公司募投项目中的节能改造已提前用自有资金完成，次年将节约500万左右的燃料费用；（3）三百工程小店今年实现利润100万，来年店面翻番、利润翻番，实现利润200万元；（4）食品工业园今年实现盈亏平衡，明年实现净利润600万元。

从案例中我们了解，超额利润是资本主义动态中不可忽视的重要现象，它的来源和分配较以往的利益获取形式有着显著的变化，因超额利润的实现有着规律和形式上的可依性，实现目标利润就变得不再遥不可及，在大众创业、万众创新的时代，企业的超额利润是随着创新而不断变化的波动过程。

企业的利润增长对于国家的税收而言同样是一大利好。于是，不同国家对利润超额增长的企业纳税，就要出台一系列的规章制度，在约束企业的同时也规范行业的计量，超额利润分割法就这样应运而生。

超额利润分割法是指按两个步骤（即先按正常贡献分配收入，后分配超额利润）进行合并营业利润或亏损的分割。第一个步骤是按正常贡献分配收入来分配各受控交易方的营业收入，以此对各关联企业活动正常贡献确定市场收益水平。第二个步骤是分配超额利润，即在关联交易中，各关联企业对无形资产的贡献份额的大小用外部市场价格水平、开发该项无形资产的资本化成本和各种有关的改进费用来共同确定，如果各方对无形资产的开发费用持续发生，且关联各方拥有的无形资产的使用年限大致相同，就可以用最近几年的实际支出数来确定无形资产的贡献额，若由受控纳税人一方提供该项无形资产，并且也在其他企业活动使用，就必须在所有使用该项无形资产的交易活动中对该项无形资产价值进行合理分配。

美国一家以生产警务用品为主，集研究、开发、销售为一体的公司A

研发出一种用于防护性警服和头盔的防弹材料M，且A公司拥有生产M的化学西文专利，投产后，M占据了美国同类产品一定的市场份额。A公司发给其在欧洲子公司B在欧洲地区生产和销售M的许可证，B拥有一个有自主品牌和市场销售网络的合作研究伙伴C，C的主要角色是将“改良后的M”即M2用于国防市场军用品中。B在C的协助下将M2广泛用于欧洲国防市场，且有着较为频繁的市场活动。

自B公司用自主品牌及销售网络在欧洲生产和销售经销M2之后，A公司就未再发生有关发放M许可证的直接费用，也没有任何因销售M产生的开支。当年，A公司M产品的销售收入为2亿美元，总支出为3亿美元，A在M行业的营业资产为2亿美元。基于此，税务员依据最优法原则认定用超额利润法调整将会产生最可靠的正常交易价格。最终，税务人员判定A公司平均市场收益率为10%，A在M市场的收益为0.2亿美元（营业资产×平均市场收益率），而A公司的超额利润为1.8亿美元（营业资产—市场收益）。

根据超额利润分割法，先是要对A进行贡献分配利润，假定1.8亿美元的超额利润是由M（包括原品牌、欧洲品牌、改良后的品牌等）带来的，A用于M身上的研发费用需要在全球的企业活动中分摊，从而得出，当年每美元的集团总销售额要分摊0.20美元的研究开发的资本费用，产品研究开发平均投资期内B对M2每美元销售额要分摊0.40美元费用。

因此，A和B对于M及其改良后的M2，每销售一美元就要分摊0.60美元的无形资产资本化开发费用。税务员对纳税年度就M特许权使用费调整的正常交易价格为0.6亿美元，即A的1.80亿美元的超额利润的1/3。

超额利润激励计划的实施，能最大化地实现激励员工的主观能动性，无论是员工还是老板，都会全力以赴奔向制高点，此种激励在创新型行业中成为企业家们竞相效仿的模式，但在实际操作中，仍需要企业从自身条件和外部环境实际出发，设计本企业个性化的激励方案。

3. 在职分红：对岗不对人

对很多人来说，进入一家企业，不只意味着工作。一份职业不单意味着家庭收入，还代表着一个人的理想实现与社会责任。

精神财富，与物质财富同等重要。

提起实施股权激励，很多人认为，那就一定要让公司上市。其实，一家公司要上市，必须对股权进行改革，从有限公司变成股份公司。不过实施股权激励和公司上市之间，并没有必然联系。

事实上确实存在着这样的公司，它们发展的目标就是上市。可如此一来，这家企业的命运和格局就早已注定，因为它们的宗旨和使命并不单纯。如果发展的目的是上市，说得露骨一些，无非就是圈钱游戏。

在市场经济中，获得利润当然是任何一个企业生存的根本，但不是全部。所谓欲速则不达，如果仅以利益为导向，那么这家企业是注定无法长久的。

在互联网行业迅速崛起的那几年，J先生也投身互联网大潮，创建了一家创新型互联网企业。由于时机掌握得好，加上初创时期的员工都十分努力勤奋，公司在短短几年内就发展飞速，从最初几个人的小团队，发展成五百多人的行业领军者。

J先生开始将自己的目标对准了企业上市。他不断激励员工，鼓励他们发挥最大的主观能动性，为企业上市推波助澜。这种财富思想也深深影响了他的员工们，大家获得了公司的股份，不分昼夜地加班工作，为了冲刺企业的上市梦想，也为了让自己获得现金薪酬和未来回报。

公司的考核制度极其严厉，但是几乎没有人掉队，大家都为了共同的目标而努力。最终公司也不负众望，于2013年顺利在香港上市，公司核心领导层一夜间身价过亿，三十多人身家过千万，过百万的更是将近百人。

这本是一件很令人兴奋的事情，不过自从公司上市后，办公室里的话题开始发生转变。每个人不再关注自己是否在工作岗位上做出好的成绩，而是开始讨论换车、换房，或者投资理财，等等。

如今，公司里大批人套现，过上了滋润的生活。一些高管套现后离职，开始自立门户。

这是中国众多上市企业中的一个例子，它不是孤立的，而是具有一定代表意义。所以说，上市不是一个企业的终极目标，只应该作为推动企业发展的一个步骤或者新平台。推行股权激励，目的是让企业上下所有人共同朝着一个目标而努力。如果可以，这种努力最好是长期而持续的。

不只是上市企业，穿着“红色衣衫”的央企也开始涉足“在职分红”。2011年，国资委召开央企分红权激励试点工作启动会，标志着央企分红权激励试点正式启动。航天恒星和有研稀土有幸成为首批试点央企。此外，国资委表示，央企的在职分红对岗不对人，即分红权激励对象为公司具体岗位非具体员工；激励标的是岗位创造的业绩非业绩存量。“对岗不对人”有效规避了因员工的离职而“再走”其分红权，让后来者也有权利分得企业红利。

有关奖励的金额，是依据当年有研稀土的净利润额、净利润增加额为计提总额（当年有研稀土的净利润增加额比例超过计提总额的50%）；航天恒星的激励总额与企业当年的经济增加值和经济增加值改善值挂钩，且激励额度占总额度的50%以上。此次分红激励试点实行之后，航天恒星和

有研稀土的科研类岗位和激励额度占比或超90%，两家企业的核心岗位科研人员的薪酬有望每人提高30%。

多年以来，我国的国有科技型企业激励机制有很多不足，一直以来存在“该高的岗位不高、该低的岗位不低”的收入现象，过于平衡的薪酬难以调动起核心技术人员的工作热情和主观能动性，对比市场平均收入，核心科研人员的收入严重失衡，造成了人才的大量流失。因此，央企与民企一样，采取分红权激励政策势在必行。

分红权政策一经央企试行，企业员工的收入得到了很大程度上的改善，很快该激励政策就在央企中普遍应用开来，目前，央企的薪资水平一般不低，可见，分红权机制确实是一项好政策。特别是激励对象的“透明化”减少了企业员工的顾虑，杜绝了政策成为全员加工资的“由头”，激励一旦全员化，也就失去了它本质的激励效用。而且，央企分红权激励同时配套有对激励对象的监督，以及对考核制度的科学性、激励水平的实现能力等的严格考核，保证了分红权激励的有效实施。

在职分红带给企业、投资者及企业员工三者的益处显而易见：对企业来说，通过在职分红制可以调动关键岗位员工的积极性与创造性，使企业员工的利益紧密联系在企业利益上，为企业创造更大利益，促进企业快速健康发展；对投资者来说，企业的发展、企业利润的递增均是投资者利益的升值，在几乎不怎么稀释股东股权效应的同时还增加了股东的权益，投资者对此自然乐见其成；对企业员工来讲，既不需要支付现金购买公司股票，还能享受到来自于股权激励上的分红权利，只要不断努力再努力工作，为公司创造更大的价值，其自身的利益获取也将十分可观。

在职分红与岗位配股的主要激励对象虽说都是“岗位”，但二者之间依然有着本质上的区别。岗位配股指企业以岗位的重要性、承担责任的大小、对企业所创造出的贡献多少来作为衡量标准，结合公司当下的股本结构和实际经营情况，依据岗位实际入股数额给予相应比例配股，同时享有配股收益权；在职分红则是对除了岗位配股之外的一些重要的特殊岗位，按照公司实际盈利给予岗位相应的盈利部分，属于公司盈利的二次分配。

作为一项政策性强、探索性强的激励政策，在职分红是一种相对比较“年轻”的激励政策，还需要在不断的实践中摸索、成长、完善，特别是央企等国有企业，这些企业的人员机制在市场化的今天还并不适应，要想与市场同步，让激励政策发挥得当不是一件简单的事情。加快企业创新集成、知识迭代、科技成果步向产业化，需要国家、企业和员工的不懈努力与坚持。

4. 人才培养激励：终端人才培养方案

在知识型社会的当下，特别是知识与技术创新型产业，求职所关注的热门话题不再单单局限于薪酬上，公司是否能给员工提供一个广阔的平台，个人成长的舞台上是否有足够多的观众（与志同道合的知识型人才为伍）和掌声（有足够支持的除财力之外的鼓励，如内培外训等），逐渐成为个人衡量企业是否有就职价值的依据。

原国务院总理温家宝说过："有两个数字比GDP更为重要，一是教育经费占国民经济的比重；一是研发经费占生产的比重。这两条就决定了民族和国家的创新力量，这才是最有力、最持久、最可靠的发展因素。"教育投入实现GDP的4%是中国近些年来万众瞩目的话题，中国早在1993年就提出要在2000年实现国家财政性教育经费占GDP4%的目标，然而这个数字直到2012年才在全国人民的期许下诞生。

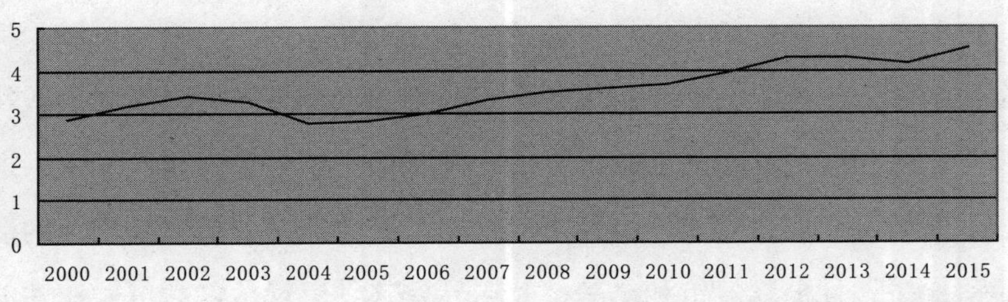

图5-3：我国历年教育经费支出占GDP的百分比

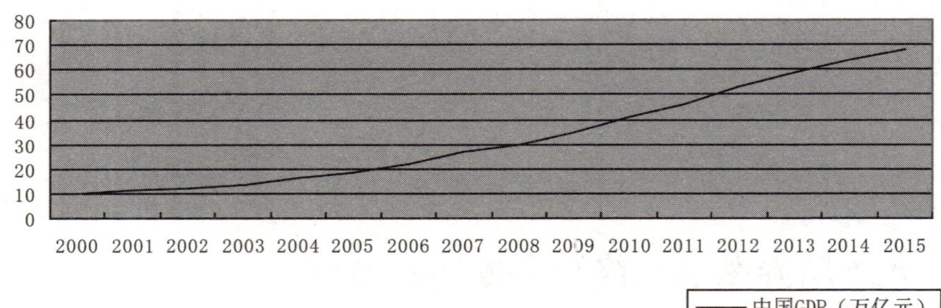

图5-4：2000～2015年中国GDP一览

从上两张图中可以看出，国民与国家同步——在教育支出上均呈现逐年上升趋势，人才培养不再是“家长”的角色，越来越多的企业纷纷加入人才培养模式中来。与传统的应试教育不同，企业人才培养模式是指在一定的现代教育理论、教育思想指导下，按照特定的培养目标和人才规格，以相对稳定的教学内容和课程体系、管理制度和评估方式，实施人才教育的过程的总和。人才培养模式包括：培养目标和规格；实现培养目标和规格的教育过程；实现这一教育过程的整套管理及评估制度；与管理、教学制度相匹配的教学方式、方法和手段等。

企业人才培养作为一种激励政策已经被越来越多的企业重视起来，通常情况下，企业开展人才培养，会先制定一个预设培养目标，通过“培养的过程”将目标和措施作用于员工身上，通过员工身心上的变化衡量预设目标的完成程度。由此可见，在企业人才培养过程中，培养目标和培养措施是两个必不可少的条件。培养模式包含四项基本内容：培养模式建立于培养思想和理论基础之上；培养模式并非单一不可变，反而需要因人而异、个性化设计；企业人才培养模式是相对稳定的人才培养活动结构框架和活动程序，且可以效仿和复制；此培养模式具有规范性和可操作性的典型特点。

美国作为资本主义大国，其企业模式无可厚非地成为全球企业大规模“生产”的典范。美国劳动力配置市场化程度最高，人才配置内外并重，企业对人才多采取多口进入、快速提拔的策略，通常视整个人力资源市场为自己的企业人才和选拔基地，大规模的人才并入均从人才市场选拔而来。与此同时，美国的企业还特别重视员工培养模式，有着一整套完善的人才培养机制。得到企业选拔并培养的对象能力重于资历，且毫无歧视性存在，真正做到对人才培养一视同仁。员工只要有能力，就可以得到企业的重用和培养，与“顶头上司”公平竞争，无需“熬时间”和“论资排辈”。

美国重能力轻资历的人才培养模式，好处体现在人才选择面更宽，对外部人员的进入具有绝对的吸引力，强化了竞争机制也创造出了“是人才就不会被埋没”的激励作用。在美国的很多企业中，“空降兵”一点都不稀奇，加之更多美国企业将人力资源等服务外包出去，只留下单一的决定权，使这些美国企业的人力资源管理和开发越来越虚拟化。然而这种模式也有弊端，对员工起不到稳定的作用，企业员工在崭露锋芒之后，往往会选择跳槽到报酬相对更高的企业，从而造成了企业人才的严重流失。有统计称，美国企业工作10年以上的员工约有34%，而日本企业工作10年甚至更久的员工则有70%之多。那么，日本的人才培养计划又是怎样实施的呢？与美国企业相比又有哪些不同？

日本企业在人才甄别上相对保守和封闭，他们多选择内部培养人才，特别是具有较强国际竞争力的大型企业，更是将企业人才培养列入企业生存和发展中。日本企业高管普遍认为，素质高的员工经过系统化的培养定会成为企业的中坚力量，所以，在最初的人才招聘环节就紧紧把好“素质”关。相反，企业对人才的技能则看得比较轻，认为在日后的在职培养中，技能会随之迅速提升。而培养员工技能的时期往往较长，也正因为如此，员工对企业的忠诚度极高，很少有“中途”离职的员工。日本企业对人才的培养往往是“终身制”，只要员工在企业工作一天，就有机会接受企业的个性化培养，这一举措既提高了企业的生产能力，又增加了经营效率。

由于日本企业对人才的培养过于重视，导致企业用于人力方面的资本花费巨大。有资料显示，日本企业用于员工素质提升的培训支出是美国企业的25倍。与美国企业岗位细化、专业性不同的是，日本企业更重视人才的全方面培养，日本企业的新员工不仅要学习素质、技能、文化，还要学习营销和管理，日本企业奉行员工“终身制”，这很大程度上减少了人才的流失，而且日企最擅长的“精神激励”也极大地调动了员工的积极性和对企业的“献身精神”。

人才培养对任何一个国家的企业都具有战略性意义，或许各个国家在环境、政策、法律等方面对企业的约束与支持有所不同，但人才培养都是企业长期发展不可忽略的关键所在。中国是一个经济大国，来自行业的、国内的、国际的竞争压力，都迫使中国企业将人才培养纳入到企业战略规划中来。那些在竞争中始终立于不败之地的行业泰斗，深入其人力资源系统，定有一整套完善的人才培养体系和一支高技能型的核心团队。

随着人才培养体系在企业中的“遍地开花”，人才培养激励措施已不再成为企业战略发展的核心竞争力，打造终端人才快速培养体系才是当下企业家们迫切需要掌握的企业命脉。

为了能从产品同质化“泛滥”的大环境竞争中脱颖而出，创新产品、提升服务、扩大品牌知名度等，企业家用尽所有能想到的招，可为何还有那么多的企业在竞争中名存实亡？是企业丢了核心竞争力？还是因为没有把握住历史潮流，屡屡上演了人才不断流失的悲剧？显然，在人才稀缺的当代社会，靠“空降兵”来拯救企业的生存过于不现实，也不能满足企业发展的客观需求，且巨大的成本和漫长的磨合期对企业而言也是一笔不小的“开支”，倘若磨合期被恶性终结，企业是否又能承担得起这份痛心疾首呢？

其实，企业的终端人才培养只要保证两点就能实现——“知道”和“做到”，即企业知道员工的基本情况，员工做到实现企业为其定制的培养计划及目标。首先，通过了解员工的基本情况（包括受教育程度、工作阅历等）对员工的培养方向和内容输入进行针对性地设计；其次，是整个终端培养体系较难的部分，即员工顺利接受企业的培训内容并吸收，达到企业严格的绩效考核制度，实现企业经营目标。当员工的能力上升到一个新的级别后，企业再根据岗位和工作性质加以“培养升级化”。学习是一项终身制计划，要让员工充分认识到，自主学习是终端人才培养和激励措施的精髓所在。

5.身股创新激励：与老板并肩作战

中国历史源远流长，激励政策也由来已久。在近500年的明清时期，被称为晋商的山西盐商、票号等商业体创造出了当时不少的财富，也涌现出新颖高效的激励政策。身股，就是从晋商中“走”出来的古代创新激励模式，并且，当代中国也继续沿用着这一激励政策。

身股制，又称为顶身股制，就是企业免费赠送给优秀员工一定可参与公司经营、管理和分红的权力。因为身股行权者并未出资，实际上只靠自身的智力和体力以及为企业创造更高利润的能力获得相应的红利，属于纯粹的“收益股”，所以，一些地方也称身股为顶身股、劳力股或分红股。现行的《公司法》中对身股的定义为：投资人（股东）将自身应得的分红无偿赠与特定人的法律处分行为。《公司法》第35条规定：公司（股东）可以不按出资比例进行分红，且分红权可以随意约定。这就从法律上保证了身股制度的合法性。

晋商时代，身股的获取方式比较单一，但流程却十分繁琐，或者说，需要很长的时间才能得到。举一个简单的例子：一个伙计想要入号，需要大概十余年的光景。首先，要在掌柜的手底下“打杂”三年，名义上为学徒，实际上就是个“万能工”，掌柜指哪打哪。如果能忙里偷闲挤出那么一点点的学习时间，就练练字、读读书，掌握些有用的技能和知识。当学徒的三年是没有工资的，票号只提供食宿，直到熬出了头，学徒期满后，算是成为票号的“试用期”员工了，这时，票号会以月薪的形式支付其薪资。待三个账期之后，大约十年的时间，“小伙计”的试用期才结束。此时，小伙计需要得到“上级领导”掌柜的推荐，才有机会得到“老板”东家的任用，之后还需要得到企业股东的通过，“小伙计”才能拥有属于自己的身股。

伙计的身股通常是以一厘、二厘为基础逐渐递增的，每次增加的身股记入“万金账”予以确认（类似于我们现在的档案）。身股涨到七厘、八厘者则有机会被提拔为三掌柜、二掌柜……从票号的实习生到试用期，再到正式员工、基层领导、中层领导，甚至是决策层，此时的“小伙计”俨然成了“老掌柜”。

身股分红的发放也比较科学，每逢账期（一般三到五年为一个账期）结算，发放红利。但是商号需要从中提取“花红”，即损失赔偿准备金。像山西票号，会依据纯利润的一定比例分给各分号经理一定数额的“花红”，此项花红要积存在号中，并支付一定的利息，等到分号经理出号时才付还。这就可以增强分号经理们的风险意识，一旦出现事故，分号经理也有一定的资金基础可用以填补损失赔偿之需。

得到身股的“小伙计”千万不能就此松懈，身股并非一劳永逸的财富所得，但凡身股对象在工作上有重大失误，身股就会被扣除，甚至被票号开除，倘若错误大至涉法，还有蹲牢房的可能。当然那些兢兢业业为票号奉献一生的“小伙计”也是会得到票号重视的。“小伙计”离世后，其家人还可以继续在票号领取三个账期的红利，此时“小伙计”的顶身股就演变成为了“故身股”。这一项人文关怀浓厚的激励深深吸引着票号的伙计们，他们毕生的愿望恐怕就是努力成长为身股对象了，然后再在票号里鞠躬尽瘁，死而后已。

演变至今的现代身股即为企业管理层的持股制，最早是在西方国家开始实行，中国的身股只能算作照搬和复制。近些年此项制度在我国的应用多出现在上市企业并购国企的体制改革中，法律上也有着合法的身份。企业现实操作中体现出身股制典型的特征，如身股分红须经股东会通过、身股对象不承担股东的财产责任、身股对象无表决权、身股对象无须支付股权对价等。另外，身股对象没有花一分钱就能得到的分红，自然还有其他约束条件受制于股东，如工作期限、工作岗位和与公司的依存关系等。

在中国企业中，身股制更适用于上市机构的激励行为，但非上市企业宁波方太厨具有限公司（以下简称方太）却在一方面坚持不上市，一方面又想方设法摸索一条适用于非上市企业的中长期激励政策的过程中，开创了方太“身股制”。从2008年到2010年，方太用了两三年的时间，修改了16稿，于2010年5月开始正式实施身股制，2011年，身股制对象即可获得公司2010年度净利润总额5%左右的分红。方太集团总裁茅忠群曾感慨地说：“上市公司的激励方式还是相对短期、冲刺性比较强，高管套现走人的很多，同时股份会慢慢被稀释，很多公司到最后没有主人了，这是很危险的，没有人真正为公司的长期发展承担责任。”可见，身股制更适用于上市机构，方太集团身股制在一定程度上起到了中长期的激励效果，伴随着“人走股没”的潜规则，确实留住了很多核心人才和高级管理精英。

儒家思想强调仁义平衡，总裁茅忠群坚信合情合理地做事才不会自己给自己设路障，方太的身股制兼具普惠与差别。在激励措施“定人”环节上，茅忠群认为，究其“身股制”的属性，身股对象应该是普通大众，也就是企业所有人都能享有这项激励政策。但不同的人对公司创造出来的价值不同，每个人的绩效考核结果也良莠不齐，所以，方太身股制以岗位价值为核心要素，从事不同性质工种、处在不同岗位的员工所获得的身股数也有区别。

方太集团的身股制从最初的只在集团总部推行，到最后实现了对各个事业部、驻外子公司的全员覆盖。到了2012年，方太身股制再次进行一轮创新调整——集团副总裁级别的岗位身股独立核算，部长和总监的身股数量增速提升，2012年集团子公司的分红需与集团“脱钩”（脱钩的意思，可以理解为分公司与子公司员工不再享受集团身股分红，但预留利润比例将大幅提升，其身股单价也将随之大幅提升），在上缴集团约50%利润后，剩余的约50%都将等价折算到身股单价中。

茅忠群还指出，一般上市公司会拿出最多10%左右的股份分给高管和核心骨干，从激励角度考虑，公司分红比例只能增加不能减少，前两年方太拿出5%与员工分享，这次调整后，比例已经超过10%了。接下来的几年，公司会继续强化差别化激励，身股制不能做成大锅饭，要充分调动高管和各事业部的积极性，使员工的认知上升至“与老板肩并肩”，一起奋斗、一起承担、一起获利。

第六章

十大要素：合理运转系统工程

1. 定目的：有目的才能不走偏

企业在策划营销活动的时候，首先要明确的就是这次活动的目的何在。任何方案在创意之初，都要把行文目的作为创作之首。企业在为员工设计激励政策时，同样不能缺少明晰的目的。只有目的明确了，接下来的操作才不会有偏离。

“目的”一词始于公元581年的隋朝时期。当时有一位叫作窦毅的北周官员，有一个性格刚烈的女儿，只恨自己不能像男子一样保家卫国。女儿的“抱负”深得父亲赏识，窦毅决定设擂招婿，报名条件包括才学、武功、智力、相貌等，最后一道考题为“射中自己画于屏风上的孔雀眼睛”。这道终极考题难住了满城的王公贵族子弟，直到李渊的出现。他两箭精准地射中孔雀的两只眼睛，抱得美人归。而他的“射雀之目”也被传承至今——孔雀眼睛之靶即目的比喻：做任何事情之前都需首要明确“目的”，为什么要做这件事。

科学的、适用度强的股权激励政策，现在已经被越来越多的企业家认定：不仅能神奇地让濒临破产的企业起死回生，还是初创型企业在激烈的市场竞争环境下的制胜法宝。殊不知，让股权激励生得“科学”和“适用”并不是一件容易的事情。值得肯定的是，企业用在员工身上的“激励”越来越多，企业就会越来越创新。

在人力资源与创新技术并称为企业两大核心竞争力的现今时代，企业对人力资本的投入甚至比用于广告上的支出都要大，作为人力资本投入之首的股权激励自然也就被推上了造福企业的至尊之席。国企、民企、上市企业和非上市企业，都在通过自己的努力来实现员工激励效用的最大化。但股权激励模式并非“全能冠军”，目的才能决定行为方式。确定了股权激励的目的，才能正确做好接下来的其他选项，进而决定最后激励政策取得的结果。

不同国家的不同企业，实施股权激励的目的有所不同。美国的股权激励，目的是增加企业内部员工的凝聚力、劳动生产的效率及员工退休后的福利保障；稳定股东利益，防止企业被其他竞争对手恶意收购；对外在财政上获得减税和合理避税，在银行增加融资支持力度。英国企业的激励政策主要的激励对象为企业的经营者，通过提升经营者工作积极性的饱满程度以实现企业利益最大化，从而足以应对来自美国企业的竞争压力。日本是一个相对保守的国度，它的股权激励政策与欧美国家所实行的目的截然不同，如在日本企业的“职工持股计划”中，员工持股补助资金只占职工股的5%，另外的95%持股资金需要员工自己拿，尽管员工可以在企业股票市值增长情况下出售股票来获利，但全然没有体现出企业这一激励政策的福利性。中国的企业股权激励政策实施目的有三：提高企业的业绩、回报老员工的福利、提高劳动的生产力。

电视剧《乔家大院》充分体现出了中国近现代企业在股权激励上的超群智慧，观众一定对其中的“身股”“银股”印象深刻。《乔家大院》中大德通票号的创办者乔致庸，在1889年时银股为20股，身股为9.7股，二十年后的1908年，乔致庸的银股依然为20股，但身股的数量却增长到23.95股，二十年增长2.5倍的身股让乔致庸“一夜暴富”。而银股在数量上虽然没有变化，但每股的基数却在市场蛋糕做大、企业利润增加的条件下成倍地翻番，最终的获益者自然是股东的“钱袋子”。

其实，企业中的股权激励对员工来说既是动力也是压力，企业需要不断激发员工的主观能动性，而不是让员工在激励政策的“驱赶”下被迫创造价值，让提高企业的业绩成为员工与股东共同努力的目标。明确业绩目标能使股权激励的导向作用充分发挥出来，提高员工的积极性、竞争性、责任性和创造性。员工在预期收益的“感召下”努力前行，在这一努力的过程中创造出更为理想的业绩，企业也就从中获得收益，从而让企业、激励政策、员工三者进入一种良性的循环之中，大幅度提高企业劳动生产率。又因为，企业激励的最终目的是让员工变成股东，员工的利益成就企业的利益，从而减少了员工的短视行为，充分发挥自己对企业的责任之心，紧密地将企业利益与员工利益捆绑在一起。

于2004年上市的TCL集团在外界看来更像是一个超级大的“财团”，随着集团的上市涌现出了李东生、杨伟强、万明坚等一大批亿万富豪、千万富豪，就连早先离开集团的吴士宏，凭借着TCL集团两年的工作资历居然也获得了近八千万收益。面对这一事实，一时之间，外界不得不承认，TCL的上市俨然成为制造亿万富豪的“流水线”。究其根本，即为完善的股权激励。早在1997年，TCL就开始尝试管理层的持股计划，将部分净资产增量以股份形式奖励给主要管理层人员。截止到上市之前，TCL管理层及员工的持股已经达到公司总股票数量上的42%（其中管理层持股25%，其他员工持股17%），在TCL集团股东利润没有被摊薄的情况下，按照TCL通讯收盘价格1.16港元计算，其股票市值达32.8亿港元；按TCL国际的收盘价格2.375港元计算，其股票市值达65亿港元，累计为97.8亿港元。上市首日，TCL集团就为股东创造了近10亿港元价值。

无论是TCL，还是“土狼”华为，都是先通过股权激励对员工予以肯定，通过员工的价值创造再度让其享受到自己所创造出的价值的分红，用财富回报老员工，特别是跟着企业从零开始，见证企业从无到有的元老。

广州一家生产电信产品的公司初创时只有十几个人，但他们不辞辛苦为企业付出，同企业创始者共同见证了企业的迅速发展。但当公司的人员规模扩大到几百人、业务收入从原来的每年几十万增加到后来的每月几千万时，员工的工作热情反而没有之前浓厚了。企业决策者与“外脑”合力决定，对公司老员工及业务骨干实行股权激励，再度激发企业新老员工的主观能动性和工作积极性，重燃企业迅速发展之圣火。

其实，这种惰性存在于很多企业当中。因循守旧是一个可怕的因果关系，“元老”是核心也是根基，企业决不能在发展起来之后就过河拆桥，如果发现有惰性存在，要做的事情只有一件，那就是再度激发活力。让企业其他员工也看得到，“元老”都如此卖命，自己还有什么偷闲的资本?

1999年，马云和他的“十八罗汉”在杭州某小区的房间内勾勒“世界最伟大互联网公司”蓝图时，有谁会想到这个其貌不扬的激情男子，真的会梦想成真、令世界为之颤动呢?马云自是“不忘本”的领导者，阿里巴巴的上市也为元老级人物带来了此生此世都“挥霍”不尽的财富，当初月薪500元的阿里巴巴同行者曾经吃3元钱盒饭、住“贫民窟”、没有加班费还废寝忘食地卖命……以阿里巴巴200亿美元市值估算，阿里巴巴的“老员工”身家过亿都算是保守估值了。而且，来自于阿里巴巴“老员工”的价值创造，以及阿里巴巴市值的不断晋级，这些数字或许还只是一个基数而已。

企业股权激励的另一个目的就是降低公司的成本压力，没有哪个公司或哪个领导者会与金钱过不去。奖励有创造价值的员工固然是企业人力成本所需，但企业现金流同样关乎企业的生存命脉。如果将企业比喻成一个人，“现金流”和“人才”就是这个人的血液、四肢和大脑。控制成本，减少现金流量，股权激励的“贡献”不容忽视，正因为股权激励中的众多模式都不需要马上兑现，即便是“分红”也会有很大一部分再度加入到利润滚动中。特别是企业初创期，来自于资金上的压力极有可能浇灭员工的工作积极性，恰当的股权激励能有效地减少对老员工的“吝啬”行为，如此成就的不仅仅是员工的财富，更是企业周而复始的巨大利益。

2. 定股：给激励对象什么性质的股份

当我们明确了为什么要做这件事情——企业为什么要对员工采取股权激励这一政策后，接下来要做的就是怎样将激励做得最有效果。此时，在企业面前呈现出来的是一道多选题，你可以选择众多股权激励模式汇总的一个或几个，也可以根据企业实际情况进行科学组合和创新。但首先，指定激励计划的负责人一定要知道，我国的股权激励模式有哪些，具备什么样的性质，有哪些特征和操作注意事项等问题。

其实，选择什么类型的股权激励模式来激励员工，就如同公司需要聘请哪些方面的人才来协助公司发展。人力资源上讲，“人岗匹配”才能让聘请来的员工更好地胜任工作以实现组织的高绩效产出，股权激励政策也只有在充分体现出满足员工所需的基础上，才能更好地起到激励的效果，获得更“容易被满足”的利益。

表6–1：股份的性质与分类

性质	分类	简要概述
股东权利	普通股	在公司的经营管理和盈利及财产的分配上享有普通权利的股份。
	优先股	在利润分红及剩余财产分配的权利方面，优先于普通股。
	混合股	在股息分配方面优先和在剩余财产分配方面劣后的两种权利混合起来的股票。

（续表）

性质	分类	简要概述
票面形式	记名股	在股票票面和股份公司的股东名册上记载股东姓名的股票。
	不记名股	在股票票面和股份公司股东名册上均不记载股东姓名的股票。
	有面额股	在票面上标有一定金额的股票。
	无面额股	不在股票面上标出金额，只载明所占公司股东总额的比例或股份数的股票。
持股主体	国家股	有权代表国家投资的部门或机构以国有资产向公司投资形成的股份。
	法人股（单位股）	企业法人或具有法人资格的事业单位和社会团体以其依法可经营的资产向公司非上市流通股权部分投资所形成的股份。
	个人股	公民个人以自己的合法财产投资于股份制企业的股份。
发行对象	A股	人民币普通股，是由我国境内公司发行，供境内机构、组织或个人（不含台、港、澳投资者）以人民币认购和交易的普通股股票。
	B股	人民币特种股票。是以人民币标明通面值，以外币（美元或港元）认购和买卖，在上海和深圳两个证券交易所上市交易的股票。
	H股	在内地注册，在香港上市的外资股。
	N股	在内地注册，在纽约上市的外资股。
	S股	在内地注册，在新加坡上市的外资股。
业绩盈利（国际分类）	蓝筹股	多指长期稳定增长的、大型的、传统工业股及金融股。
	红筹股	在境外注册、在香港上市的那些带有中国大陆概念的股票。

如上表所示，股权激励依据其性质不同，有着多类型的可操作方向，选择哪一个才能有一个顺利的开端？

企业在选择股权激励模式时，不能摒弃五个基本原则，即“同类不相同原则”“激励力度与激励期限适中原则”“激励与约束对等原则”“公正而不公开原则”和“与时俱进原则”。

我们都知道，同一支钢笔，不同的人拿着它写出的字体均不一样，即便再相似也会有些许肉眼看不到的差别。股权激励措施也是一样的。同样条件约束和执行方式下的同一个股权激励模式，因不同行业或企业自身情况的参差、激励力度和节奏的不同，所达到的预期效果也会不一样，这就是“同类而不相同原则”。

有两家公司S和X，他们几乎在同一时期选择对员工实行股票期权激励政策，通过对“入围”的高层管理人员和核心技术骨干采取“部分首付，用股份分红来分期还款”的模式进行激励。期权存在的“本义”就是有效解决经理人购买股份一次性支付现金不足的问题。其中，S公司员工的薪酬水平在行业内算是比较低的，且公司很长一段时期的利润也很一般，导致S公司行权者年底分红少得可怜。针对这样的现实情况，S公司大股东们主动出资“赞助”行权者获取的期权“首付”部分，但期权的偿还期就要分为四年，并且锁定期为三年。另外的一家公司X，员工普遍薪酬较高，行权者每年分红也很丰厚，所以，期权的首付部分员工自己足以承担，无需大股东“献殷勤”了，这样，期权的偿还期就可以缩短为三年、锁定期两年也“够本儿”了。

不同模式的股权激励政策能被一些企业广泛应用，足以看出其倾向作用的巨大优势，与此同时，它不被另一些企业选择的缘由，也体现出这种激励模式的欠缺性，正如好与不好是相对的，股权激励的优点和缺点也是相互制约的。评判一个企业选择的股权激励模式，不是看它的“品牌知名度”，也不是看它创造出来的总利润，而是要寻找一个更为科学的甄别条件——是否足以满足企业激励目标的达成，即激励效果是否为最优实现。这一点充分证明了，企业股权激励的效果实现程度完全取决于选择的激励模式的可操性。比方说，很多人都说×××感冒药效果好，只要你感冒了他就极力推荐你选择这款感冒药，而有关“对症”还是“不对症”的问题往往就被忽略了。这并不是说推荐人忽略了患病者的切身利益，而是因为他身为推荐药品的“过来人”体验到了这个药物对他感冒症状绝对的抑制作用。然而需要注意的是，人与人的体质有很大不同，对药物的吸收情况也不同，加上感冒的病因也很多，如病毒性感冒、季节性感冒、传染性感冒等，所以才要“对症下药”。这也是说，选择股权激励模式时，一定要注重激励对象的整体报酬水平和结构特点（即例子中分析的感冒病因）。除此之外，行权期的周期性和持久性也能左右激励效果的“增减问题”（即例子中分析的不同病人因体质不同而导致的病程的不同）。如果期限过短，会造成行权者“鼠目寸光”，甚至只对眼前利益负责；若期限定得过长，会给员工造成一种“遥不可及”的距离感，也会严重削弱股权激励的满意度。此时，折中，是一个多么奇妙的选择方式啊。

在任何一个国家，公民在享有一定权利的时候势必要承担相应的义务，并受到法律法规的约束，企业在实施股权激励政策时同样需要搭配与之相匹配的考核制度，因为，激励与制度永远都是对等的。但企业在实际操作中往往夸大了约束的成分，让考核变成了“惩治”；也有员工为了获得相应的分红而不择手段去实现绩效目标，这种做法将导致股权持有者恶性抛售套现、立马逃之夭夭的短期行为。这些股权激励操作不当引发的事件并不少见，有一家上市公司L对企业内的高级管理人员采取了股权激励措施，并允许高管可以集中行权，一些高管为了让手里的股票价格迅速上涨以套现获利，违反约定甚至触犯法律条款非法提升业绩，或以透支企业未来发展潜力的方式提升一时的业绩。因此，与权利并存的义务要有，与激励协同的绩效约束也不能少，股权激励需要通过约束条件的科学引导，促使激励对象自觉将个人短期利益与企业的长期利益相结合。

股权激励最忌讳的就是企业普遍施恩，因为全员激励势必存在“滥竽充数”的人吃“大锅饭”，可是，依然有一些企业家掌握不好尺度，只有适度而行才能实现最佳效果。股权激励的对象选择，依据的标准是员工是否有助于企业的长期发展，与员工的性别、年龄、籍贯、颜值、身家背景和与企业之间的“私人感情”没有关系。激励行为在绩效考核上其实是很难做到量化的，这是激励手段的一个弊端，要想做到扬长避短，就尽量不要公开嫉妒心过强的激励对象名单。因为绩效考核的评判结果往往受到个人的主观意识影响，来自于行权者与普通员工、同样行权的不同级别或部门、行权者与股东之间主观趋向是不可避免的。人性的弱点是经常高估自己的能力和贡献，一旦看到认为不如自己的人得到更多的激励内心就会不满。这时他关注的焦点将不再是自己利益的纵向提升，而是抱怨别人比他得到的多，这就会严重损害股权激励的效果。所以最好的方法就是让每个人只关注自己利益的纵向提升而不去整天与别人比较，这个方法便是对每个人的激励情况保密，使激励对象之间彼此“背靠背”。

时代在进步，企业在发展，股权激励的现实应用也在随之变化，同一企业的激励政策在不同时期也要适度调整，切莫存在“一劳永逸”的窃喜之心。

3. 定人：选对股权激励的对象

通常都说，“人岗匹配”是企业对股东、对员工的双面负责，其实比人岗匹配更能为企业带来丰厚利润的是“人励匹配”，即股权激励一定要选对行权对象。此时，问题又出现了，老将、骨干、新兵，该选谁？高管、中坚、基层，怎么分？我们一直都在强调，股权激励考核上的主观性可能会有失公允，那么选择谁来激励，激励多少算科学，这样的疑问是不是更难作答？

“定人”的确是非常复杂、技术难度又极高的问题，上市企业和国资委就分别有相应条款约束，其中《上市公司股权激励管理办法》规定：激励对象可包括董事、监事、高级管理人员、核心技术（业务）人员，不应当包括独立董事。国资委规定：国有控股公司股权激励的对象原则上限于上市公司董事、高级管理人员以及对上市公司整体业绩和持续发展有直接影响的核心技术人才和管理骨干。现实中企业常使用的甄别方法有综合评价法和单一因素法两种。人们普遍认为，股权激励对象的范围不应过宽。

综合评价法，主要是指通过对激励对象岗位等级系数、所完成的绩效考核结果，在某一企业任职的司龄等因素在相应“规定”的范畴内予以计算，以选择出符合企业激励政策的行权对象。单一评价法，是指侧重综合评价法中任一方法的唯一参考性，多数选择单一评价法的企业会锁定“绩效考核”，达到业绩目标并满足绩效考核中每一项要求的员工有权享有公司股权激励政策。也有企业选择岗位价值系数作为单一衡量因素，通过得出的岗位评估结果来判别评价对象是否满足激励条件，在人岗匹配的约束下，岗位价值系数作为考量工具还是比较通用的。

有方法也要有原则，通常企业在“定人”的环节会遵循三项基本原则：有待开发的“潜力股”要选；掌握企业核心机密、技术且整个工作过程中尚且不断产生“隐藏信息”者要选；对企业的决策起到日积月累决定作用的高级管理人员（如各部门经理、财务负责人、董事会秘书、制定公司相关规章制度者等）要选。

如果把一个企业中的所有股权激励对象看作一个团队，团队中的成员可分为核心、骨干、操作三个层级，称得上“核心”的员工即同企业命运相依相偎又志同道合的人，他们不仅忠实于企业，富有奉献和牺牲精神，同样也掌握公司的核心技能，是企业股权激励的核心群。公司骨干是为企业创造价值最直接的层级，上有决策、股东层，下有普通员工和有待应招的新兴人才，“骨干”承上启下的作用决定了这一层级的员工势必成为公司激励对象的重点。对于那些只能把“工作”当成工作的企业员工，股权激励对其影响并不大，充其量就是薪酬激励制度的衍生品，但对于这样符合公司激励范畴的员工，也不能因其“不重视”就取消他的被激励权利，况且所谓的“不重视”里面又会掺杂着多少主观意识的认定呢？所以，这部分人需要股权激励，但在公司激励范围里，充其量是个“绿叶”的陪衬角色。

具体落实到实际甄别过程中，企业可以从多维度考量激励对象，从其对公司所做出的贡献进行选取和分类；以员工的实际年龄作为分股参考依据；不同级别的员工所进行的激励方案也不同；员工自身岗位的属性也是参考依据；另外，员工的学历及知识结构也决定着他所应该享受到的激励政策。

表6-2：多维度“定人”分类

维度	分类	获选优势
对公司的贡献	功臣	功臣是能臣的未来，功臣不稳，能臣难安；可以用公司的福利养着功臣，但是不能让功臣阻碍公司和能臣的发展。
	能臣	现在对公司最有用的人，现在给分红，将来还要给分红，让能臣能感受到公司的快速发展也能给自己的收入带来快速的增加。
	苗子	公司未来的骨干，可以适当地给出少量的分红激励，既能让苗子觉得自己得到了公司的重视，又能感受到与骨干之间的差距，为苗子预留了足够的上升空间，充分激发他的工作热情。
员工的年龄	老年	老年人偏爱现期的收入和未来的保障，对于已经为公司服务了多年的年长员工（一定要是大功臣）可以考虑为其提供一些退休后的保障，这样做不仅仅是为他本人考虑，更多的是给其他像他一样为公司服务的老员工看。
	中年	中年人已经有相当的积累，对于现期的收入不像年轻人需求那么高，可以更多地给予希望，可以是银股和期权的激励方式，与现期的收入相比，他们更在乎的是未来的增值希望。
	青年	青年人缺少积累，现期支出较多，身股分红可能是更适合他们的方式。
员工的层次	高层	层次越高，越适合分股，层次越低，越适合分钱。
	中层	
	基层	
员工的类别	可否量化	工作不好量化的类别可以给股，工作容易量化的可以给钱，例如销售人员的工作容易量化，可以直接给工资和提成，效果要比分红好。
	是否重要	重要的给股，不重要的给钱。管理人员和科研人员对公司的发展重要性较高，可以给股；普通工人对公司的重要性相对要小，可以给钱，也就是薪酬。
	核心关键	掌握公司核心竞争力或者对实现企业战略起关键作用的类别要给股，只起支持作用的部门可以只用薪酬解决。

除此之外，“定人”时一定要注重各部门之间的平衡情况，但平衡不等于均衡，不同部门，特别是不同岗位上的人员对公司的创造能力不同，不能一视同“人”。对于企业来说，倘若是薪酬就可以搞定的事情，也没必要非得用股份去解决，做任何事，简单总是好过复杂和繁琐。

4. 定量：拿多少额度激励员工

员工在入职前要考虑的问题很多，最大的共性就是要知道“薪酬”是多少，这就验证了一句话：钱不是万能的，但没有钱又是万万不能的。有商品、有交换、有利益……自然也就有了金钱的本色意义。企业员工自然明白，获取的同时一定要等价付出，天下没有“免费的午餐”。但获得多少激励才能与自我付出形成所谓的正比？员工也会对企业给予的股权激励和相应配套的绩效考核进行一番对比，所以，企业领导者首先要确定好，能支付给员工的激励有多少，做好股权定量。

股权定量分总量与个量两部分，总量指公司期权池里的总量，个量为员工个人获得的数量或者其岗位量。公司放于股权池的总量基本上为公司股份的10%～30%，15%为中间值，期权池的大小完全取决于公司收益情况，越有资历的公司越有权利“慷慨奉献”。期权池的数量就是企业内被激励对象们共享的利润大蛋糕，“能者多劳”自是其中分配原则之一，只是，这部分劳动所得也受岗位和级别上的限制，即在确定具体到每个人的期权时，首先考虑不同岗位和不同级别人员期权大小，然后再定具体个人的期权大小，通常采取“先部门后岗位”的分配办法。

员工在股权激励上也有自己的选择权，比如，企业会为激励对象设计两款“套餐”：高工资＋低股权，低工资＋高股权。通常，初创期的企业更希望员工选择低工资＋高股权，以减少公司现金流量的支出，将更多的资金投放到生产上；而发展期的企业多半会为员工量身打造高工资＋低股权的方案。

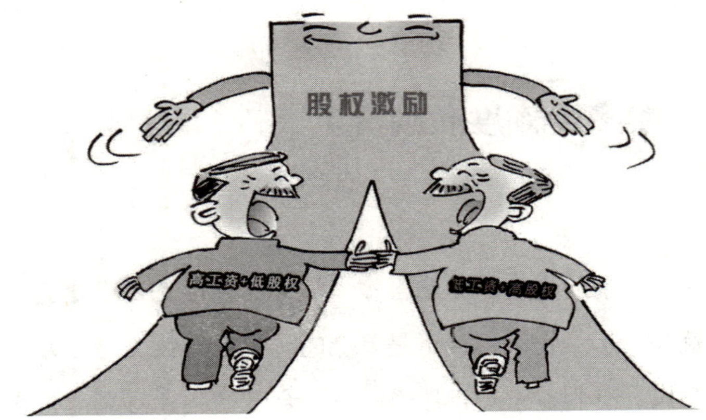

图6-1：工资与股权比例的分配因人而异

以易趣网为例，多数管理者可获得0.2%～5%期权，这其中比较大的波动取决于行权者进入公司的时期，如果在VC进入之前参与创业，发放2%～5%期权；如果是A轮后进来，发放1%～2%；如果是C轮或接近IPO时进来，发放0.2%～0.5%。核心管理层，如技术、财务、运营等负责人的行权数量则可按照常任管理层的2～3倍递增，其他经理级别的管理层则按照常任管理层的1/2或1/3分配。

1992年成立、11年后于香港挂牌上市的慧聪网，在其自身的成长阶段所采取的激励模式就是高红利策略。当时企业用于发展上的资金其实并不多，依慧聪网当时的财力足以支付行权对象薪资及红利，可为了夯实企业经济基础，老板郭凡生认识到人力是财力的创造者和守护者，只有留得住人，才能保得住激励竞争环境下慧聪网的生生不息。于是，慧聪网对员工进行了前所未有的高红利激励策略，真正做到了“高薪养贤”。

成立于2008年的酷漫居自从征服了迪士尼，其扩张的态势就一发不可收拾，“掌舵者”杨涛一方面发自肺腑地希望回报跟着酷漫居一路奔跑的拓荒功臣，一方面希望采取一种激励模式，既能实现员工的财富梦想，又能激励员工与企业共同进步。但企业的发展尤其是在迪士尼赛道上的奋力奔跑可是需要大量资金支撑的，酷漫居一时间又拿不出更多的资金支付员工红利。好在酷漫居员工一路走过见证了酷漫居的初创、发展、逆袭、腾飞，他们对酷漫居的蓝图再熟悉不过了，所以，他们心甘情愿接受企业至高无上的“只分希望，不分或少分红利”的模式，尽管发到手里的钞票少了，但落在内心深处的根基确是踏实的，“希望”是值得等待与争取的。

企业在进行股权激励与战略发展同步的过程中，可以充分认识到，股权激励的“量”并不是那么“从一而终”，它受着外部竞争环境和内部“公平性原则”双重影响和制约。

有些企业领导者认为，股权激励是公司内部的事情，只要做好了人员上的额度分配，似乎与外部竞争环境就没有关联，但他们却忽略了，股权激励的目的就是吸引人才、留住人才。在竞争环境下，几乎所有的企业都有一套自己的激励策略，只要激励政策足够吸引人才，人才必定以至少2~3倍的利润创造作为回报。

一家公司G，2008年计划上市之前，已经有9个年薪百万余元的核心高管。在他们的心理预期中，已经给自己“应得”的股权激励做好了分红计算，他们认为自己至少应该得到一个亿的回报，均摊到每一年，至少会得到千万酬劳，然而最后，老板肯承担的那部分股权激励每年不足千万，平均到每个核心高管身上就只剩下了100万元左右。严重的心理落差，让这个企业9个核心高管走了一半。而这时恰逢企业进行IPO申报，因为核心高管超过了1/3的人员变动，申报的材料被退了回来，更为严重的是，该企业三年之内都不能再进行IPO申报了。G公司现实演绎了“人财两空”的经典剧情。而人才一旦走出了企业的大门，必定会接受其他竞争企业向其抛出的“橄榄枝”，从而壮大了对手的财团，损失又岂是钱财能衡量清楚的?

关于股权激励政策的分与不分、分多还是分少的衡量，的确是有待解决的重大问题，“不患寡而患不公”是存在于公司内部股权分配的真实写照。像我们上文中提到的公司G，没做股权激励的时候，核心高管支撑整个公司命脉，做了没有达到行权者心理预期的股权激励计划后，反而落了个“人财两空”。

公司人力、财务、行政、经营、市场、销售等各部门之间也一定会进行所得比较，经常会出现你觉得自己所得没有达到预期，但他人却认为你的所得“物超所值”的情况。别人看到的和记忆里永远都是你微笑着获奖，却看不到也想不到你哭着的付出。企业股权激励，一旦做到了“公平”，即是最大的不公平，定人难，定量亦更难。

5. 定时：时规与时间表

股权激励是目的明确、目标一致、方法相似的一项战略性计划，因此，它本身就是一个“时间表”，什么时候开始执行该项计划、什么时候允许行权者享有哪些权利、什么时候终止计划……当对股权激励对象进行合理分配之后，针对不同性质（类别、层级）的激励对象，股权激励的起始时间也有所区别。对于初创期的企业，可对核心合伙人团队相互磨合之后即开始放权激励，其他非合伙人层面的员工不建议过早发放股权激励，以免对公司造成过大的成本支出，也避免股权激励变成不足以吸引员工的“空头支票”，反而会因为不满足激励的“量”而影响了“质”的形成。

要适度控制期权发放节奏，不能心血来潮一股脑发放过多，这样会造成后续加入到团队中的成员的预留空间不足，一般首要解决第一梯队建设性计划，其次是第二梯队、第三梯队。如果是那种“散养”型企业，公司老板又是不差钱想要普惠的，在上层、中层都开始行权后就可以对基层或全员进行普惠了。切记，股权激励一旦形成了全员性激励，就一定要拉开等级和数量，否则就失去了激励效用。而且，股权激励也非“终身制”，它的有效期限自股东大会通过之日起开始计算，一般不超过10年。股权激励计划有效期满，上市公司不得依据此计划再授予任何股权。

在股权激励有效期内，每期授予的股票期权数都应设置行权限制期和有效期，在事先设定好的时间表范畴内分批分次行权。每期授予的限制性股票的禁售期不得低于两年，禁售期满，根据股权激励计划和业绩目标完成情况确定激励对象可解锁（转让、出售）的股票数量。解锁期不得低于三年，在解锁期内原则上采取匀速解锁办法。

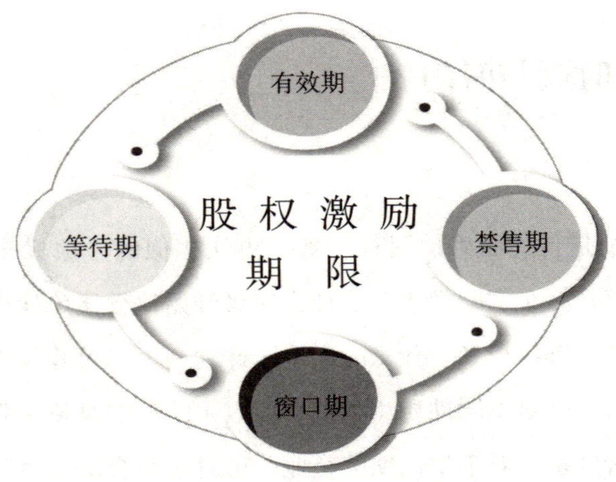

图6-2：股权激励的期限

如上图所示，股权期限分为有效期、禁售期、窗口期和等待期四个时期。

股权激励的有效期是从企业授予行权对象的当天开始计算的可以执行股票期权寿命时间。通常，股票期权的有效期越长，股票增值空间越大，行权者获益也就越大。股票期权计划的开始日期以实行日或股东大会通过日两者中较早者为准。美国《国内税务法则》第422条规定，激励型股票期权计划实行10年后自动结束；香港联交所《上市规则》第17章规定，香港上市公司的股票期权计划期限不得长于10年。股权激励的期限一般为5～10年之间，但各个国家或地区并没有对股权激励的期限加以法律限制，最低不低于两年，最高不高于10年即可。当然，如果行权期未满时，公司的控制前被迫发生改变，已经发放的股权在新董事会未作出特别方案情况下应立即进入“提前行使”阶段。除此之外，如果行权者与企业提前终止了劳动关系，行权者享有的相应权利可能随之终止，即使有效期未到也会提前失效，这些在企业与员工签署股权激励协议时，都会有明确标注。

在2～10年的有效期中，3～6年是一个黄金分割点，因为股权在执行时大多分阶段实施，一些国家或地区用于股权激励的法规约束并不完善，特别是正处于股权激励试行中的国家或地区，在分期实施过程中极有可能遇到因政策的改变而带来的负面因素，造成企业和员工双方面损失。所以，为防止“短期行为”的存在，可在股权激励有效期限中附加一些限制性条件，如：行权者支付股权总额N%的押金给公司；行权者任职公司的年限不得少于N年；股权的行权数量在有效期内刚性要求匀速或加速推进；每一次的行权需经过严格的考核，过程中也要达到相应的绩效考核标准后才能进行。

那么，股权激励为什么要被约束上一个期限呢？如果能实现企业和员工的双赢，时间长短又有什么关系？事实上，很多计划都会在变化中被迫发生改变，所以，给出科学的约束期限是合情合理的，更何况还需遵守来自于法律的规定。激励过程中必备的约束、管理过程的需求，都是股权有效期存在的必要性。

美国的股票期权、员工持股计划都有严格规定的“有效期”，股票期权不得超过10年，员工持股计划不得超过5年，我国的相关法律法规也规定其有效期最长不得超过10年。来自有效期的科学约束，在行权过程中对激励对象的工作积极性有着敦促作用，保障了企业在股权激励有效期内实现股价的增长、利润的增收，股权激励的有效期此时就是一个时间上的硬约束，要么不实行，要么努力实现最理想效果。对企业的管理者来说，有期限的界定更方便其对公司上下进行有效地管控，特别是给激励政策一个实现的期限，更能让敦促作用“发酵”，提高计划的实施效率，降低实施成本。反之，如果一个计划没有期限，企业就要不断为计划的实施配置相应的人力、物力、财力等资源，对公司发展效率和长远战略都是一种严重的阻碍。

股权激励有效期可以是一个时点，如某年某月某日，也可以是一个相对的时期，如自授予日起N年。腾讯公司在2007年12月13日发布的股权激励计划中，就有股权激励有效期的相关条款规定：股权将由独立受托人购入，成本由腾讯支付，计划由采纳日期（12月13日）起生效，有效期为10年。

股权激励有效期中的等待期，是指期权在授予之日至可行权之日见需要等待的一段时间。等待期的时间有一个长度范围，且是必须存在的一个时期。等待期时间有长有短，但如果等待期过长，有可能在公司股价大幅度下降时导致企业经营者无法执行激励政策。等待期的长度与等待期类型有直接关联。等待期包括一次性等待期、直线等待期、梯级等待期和业绩等待期四种类型，如下表所示。

表6-3：等待期的类型

类型	概念
一次性等待期	受益人所持有的股票期权在某日的某个时间一次性全部获得执行权利。例如，4年等待期的股票期权，从获权日开始至4年后的某一日全部行权。
直线等待期	受益人所持有的股票期权每年等比例地获得执行权利。例如，4年直线分布的等待期，每年按25%的股票期权获得执行。
梯级等待期	受益人所持有的股票期权每年按不同的比例获得执行权利。例如，4年的等待期前3年分别执行20%，最后1年执行40%。
业绩等待期	当公司达到某一个具体目标时，受益人所有的股票期权就可以全部执行。例如，公司的股价、利润或销售等指标达到某一个目标，受益人的股票期权即获得执行权利。

股权有效期的窗口期，指受益人选择行权的具体时机，它与股票期权的等待期、有效期紧密联系在一起。禁售期又称“强制持有期”，是指行权人在行权后必须在一定时期内持有该股票，不得转让、出售。禁售期的设定主要是为了防止行权人以损害公司利益为代价的短期套利行为。

企业在设置股权激励禁售期时，必须遵守三个原则，即法律对禁售期的规定、激励对象的可接受期限以及公司战略目标实现周期。

我国在对股权激励禁售期的法律规定中要求：行权者为公司董事、监事、高管的，其任职期内每年转让的股份应少于自己持有公司股份总数的25%；所持有的股份在其离职后的6个月内不允许转让。若行权者在任职期内将所持有的公司股份6个月内买进再卖出，或卖出再买进，所产生的收益都应交予公司所有，公司董事会全单收回行权者所得收益。若《中华人民共和国公司法》对行权者所持公司股份转让的相关规定有变化的，转让部分应符合修改后的《中华人民共和国公司法》和《公司章程》的规定。

公司对禁售期的规定不能是一己之见，还要估计到行权者的接受程度。公司一般都是希望禁售期越长越好，这样就能将行权对象的利益与公司长远利益有效捆绑在一起，大家一起朝着一个方向努力，目标达成的几率就更为可观。但是，禁售期过长的话，行权对象的股票就会在很长时间内都不能套现，见不到实际利润，甚至“老本”都变得虚无缥缈，同样会造成行权者工作上的懈怠与盲目，甚至严重削弱股权激励的效果。因此，企业在衡量禁售期时要找到相对平衡的点，充分保护行权对象的预期利益。

股权激励的禁售期还应该与公司的战略目标实现周期相适应，如某集团公司下属的两个子公司S和D，S公司战略目标实现需要3年，D公司战略目标实现需要8年，那么S公司的禁售期就应该少于D公司的禁售期。有关禁售期的相关规定应在《股权激励计划方案》《激励对象承诺书》《公司章程》及《劳动合同书》里有所体现。禁售期不一定是上市公司的约束内容，非上市公司的股权激励计划中也应该设置禁售期，如强制行权者持股一定时间后，之后每年允许转让行权者所持有的公司股份中的N%。

6. 定规：股权授予与行权规定

股权激励对象的行权包括四个步骤，授予、成熟、行权和变现。授予是指公司与行权者签署股权的行使协议，约定行权者取得期权的基本条件；成熟意味着行权者达到公司约定条件（一般是通过了绩效考核结果或实现了公司给予的经济目标）或达到服务期限后，行权者可以选择出资购买行权的权利，也可以将自己拥有的期权变成股票；行权就是员工出资购买期权后，完成了从期权所有者到股票所有者的蜕变；而变现，即员工取得股票之后，通过在公开的交易市场出售股票、参与分配公司被并购的价款、分配公司红利等方式来分享公司的成长收益。

股权的授予有着严格的约束条件，且行权者必须满足或达到一定的条件后才能享有股权激励，如达不到授予条件将取消激励。所谓的授予条件一般包括两方面内容：公司的主体资格必须符合要求且激励对象的资格必须符合要求。

什么情况算是“公司的主体资格不符合要求”？如最近的一个会计年度里，公司的财务会计报告被注册会计师出具了否定意见，或者没有明确表明肯定意见，这样的审计报告结果就宣判了该公司的“无权性”。再比如，最近一年内，公司因重大违法违规行为而受到中国证监会的行政处罚，或者中国证监会认定了该公司不能实行股权激励计划等，也注定了公司无权行使股权激励。公司本身就不具备行使股权激励的权利，激励对象自然也就不受法律保护，又或者说没有行权权利了。

“激励对象的资格不符合要求”则表现在：近三年内有过被证券交易所公开谴责、宣布为不适当人选的经历；近三年内犯过重大违法违规事件而被中国证监会予以行政处罚；在《公司法》相关规定中被列为“不得担当”公司董事、监事、高级管理的对象等，表明该公司成员无权享有公司的股权激励。

当然，员工即便没有被列在“无权”名单内，也必须满足公司制定股权激励计划时所约定的业绩条件，当然，这部分条件相对比较“人性化”，公司及员工可以协商达成，以便使绩效具有可实现的功能。公司若一味地追求利益最大化，所设定的绩效考核标准远远超出员工的实现范围，那么也会失去股权激励的激励作用。满足了公司的业绩条件，也就等于实现了行权条件的“前奏”部分。

H公司在制定股权激励计划时，规定员工必须满足以下授予条件才可享有股权激励，若未满足或未能全部满足条件则无权行权，即使已经行使部分权利也必须就此终止。

表6-4：H公司股权激励计划的授予条件

条件	内容
公司未发生的情形	最近一个会计年度财务会计报告被注册会计师出具否定意见或者无法表示意见的审计报告。
	最近一年内因重大违法违规行为被中国证监会予以行政处罚。
	中国证监会认定的不能实行股权激励计划的其他情形。
激励对象未发生的情形	最近三年内被交易所公开谴责或宣布为不适当人选的。
	最近三年内因重大违法违规行为被中国证监会予以行政处罚的。
	具有《公司法》规定的不得担任公司董事、监事、高级管理人员情形的。
	公司董事局认定其他严重违反公司有关规定的。

满足授予条件的激励对象可通过一次性授予、分期授予或补充授予等方式获得公司所激励的股权。

一次性授予员工股权，其授予日多元且人性化：可以是员工被聘用的时间，以吸引员工加入企业；可以是员工被提拔晋升的时间，使员工享受的激励不单单是金钱上的奖励，还有职位上的晋级，强化员工的存在感；可以是员工在公司持续工作一定时期后再开始激励并授予的时间，如员工工作三年五载之后，可能会涉及技术、业务上的进步而有被同行挖走的可能，以提高员工跳槽的机会成本来起到挽留和激励的作用；也可以是比较有代表性的时间，如公司创立的周年纪念日，增强全员的存在感和忠诚度；还可以是公司达到某一重大战略目标的日子，如提前N年完成N数额的销售业绩等，以鼓励员工不断努力实现新目标，增强跳跃式发展甚至是弯道超车的信念。

分期授予也有多个选项供公司和激励对象选择。通常，企业采取的分期授予包括三个方面：其一，企业可以每年按一定比例授予员工股权，也可以将业绩划分为不同梯度，激励员工不断努力工作，达到更高的业绩水平，从而获得更多的股权；其二，企业可以依据某种业绩标准或某种统一的原则授予股权；其三，在聘用时授予一定数量的股权，然后在提升时或以后定期追加授予。

分期授予股权，其实管理起来非常繁琐，特别是那些以业绩水平作为衡量基础条件授予的股权，需要测评者定期（通常以月度、季度、半年或一年为期）对行权者进行绩效考核，徒增了一份精密度要求极高的工作量，而且考核很难做到完全客观，以“数据说话”还好，但除数据之外的其他评价就很难做到科学合理的标准型评价了。分期授予最大的利益共同点就是将企业长远发展的利益与员工的个人利益紧密相连。

以业绩标准或某种统一原则为依据进行授权的典型，是先从部门负责人开始给予一定数量的股权分配权，由部门的负责人依据部门其他成员业绩考核成绩及综合表现，再行二次分配。这种方式相对比较灵活，对员工能起到更好的激励作用，弊端就是在整个二次分配环节中，部门负责人的主观性不可避免地贯穿始终，虽然在考评结果上凝聚着部门全员的智慧，但也会使一些员工认为实际得到的奖励会有失公允。

同样的，以个人业绩为授予股权的考量标准同样需要耗费相当大量的时间去测评和考核，对于过分关注结果的员工则有可能影响他们的工作效率。想想也是，全部精力都放在“如何使成绩提高再提高”上，工作及考核之外的事情全然不顾，怎能不让人担忧，起码部门成员之间会缺少相互协作，显得形单影只了。

有的企业会选择在员工入职时给予其一定数量的股权，在其晋升时另外再给予一定数量股权，如果未来员工与企业的发展顺利实现双赢，则企业还会追加给员工授予股权。不过，这种“过于重视某些核心成员”的行为恐怕会令多数没有得到激励的员工产生强烈的不满了。那么，补充授予的股权力度又能有多大呢？是否会有损原始股东的利益？

一家公司的某位员工拥有公司10000股的股权，其中1000股已经开始行权，公司追加给他1000股新股权，以此来保持该名员工拥有公司股权水平的平稳不变性。由于这种追加授予的股权“自动性”有时过于“任性”，不断提高员工的持有总额必然会损失股东的利益，因此可能会导致股东对这种“追加授予”持反对甚至反感的态度，这样，“追加”就不算是“最佳”了。

股票期权所有的约束机制都是为更好地发挥其激励作用而服务于企业的战略发展和盈利目标，与科技人才主观努力相关的约束条件涉及授权条件、考核标准、行权条件、行权价格等，禁售期和限售期又是约束机制中较客观的一部分。所以，只有在授权条件、考核标准、行权条件和行权价格全面科学合理、具有实际可行性的前提下，股票期权激励才有意义。

7. 定价格：明确股票价格

定价是股权激励模式中最重要的一个环节，它是利益的出发点，更是资金“回笼”的根本保障。在公平市场价的原则下，上市公司股权的授予价格（即行权价格）必须高于激励草案摘要公布前一个交易日公司标的的股票收盘价，或不低于草案公布前30个交易日内公司标的股票的平均价格，当前者与后者的价格不同时，股权的授予价格要高于二者中的价高者。

经过多年的现实演练，加上发达国家先进的案例教学，我国对股权激励的定价明确性始终备加重视，对于掌握和研究股票定价的方法也有着一套科学方法。所有方法的根本目的就是探寻股票涨跌的根本原因，寻找价值被低估的股票的最好方法，再直接点说就是寻找一个获得利益最快、最多、最好的方法。

给股票定价的方法有很多，基础的出发点都是依据股票自身价值，以股票的内在价值与当下交易市场的价格进行比较。一般认为，股票的内在价值高于市场价值时，就具备了投资价值，反之，股票的内在价值低于市场价格就到了该被出售出去的时候了。所以，股票的价格直接决定它的生命周期。

给股票定价，就是给股票的内在价值找一个“名分”，指根据基本财务数据综合分析计算出股票的内在价值，通过股票内在价值给个股定出理论价格，让行权者拥有物超所值的优越感和财富感，也给其他投资决策者指引一条明确的投资之路。股票定价主要有三个较为普遍的方法：市盈率定价法、综合均衡定价法、现金流计算法，其中，市盈率定价法和综合均衡定价法是相对定价，而现金流计算法则为绝对定价。

市盈率定价公式为：每股价格＝股票每股收益×市场平均市盈率。这是指在假定计算公司的经营状况与行业表现相符的情况下，它在回收期内可以创造的总收益之和，并把这个总收益视同为股票的理论价格。有了理论价格就可以与股票的市价进行比较，分析判断该股当前的股价是被高估还是被低估。

一般认为，如果一家公司股票的市盈率过高，那么该股票的价格具有泡沫，价值被高估。可见，市盈率定价法在某种意义上来讲具有相对性，它只能在一个相对的基础之上做具有参考价值的股市指针，市盈率低于20倍并非好，同样市盈率高于20倍也并非不好（1市盈率是衡量公司盈利的一个指标，若入股一家市盈率维持在20倍以下的公司，以目前的增长幅度计算年收益率大于1/20，即大于5%）。因为即使市盈率低，股价也未必涨，在复杂的股市中，影响股价的外在因素实在太多了，市盈率只是其中之一而已。

例如，两家公司A和B，A公司是业绩增长较快的上市公司，短时间内来看A公司的市盈率很高，在未来的长期发展中，A公司业绩上涨的速度远远快于股票价格上涨的速度，用市盈率定价法计算A公司的股票价格就要略高一些，以减少因业绩上涨的速度高于股价上涨速度时所拉伸的更大距离。B公司市盈率较A公司低很多，且“负债”累累（负债指企业在过去的交易或事项中形成的、预期会导致经济利益流出企业的现时义务，是企业必须履行的义务），又因为B公司所生产和销售的产品很难在市场竞争中脱颖而出，甚至根本不具备核心的竞争力，目前B公司的现金流量甚至可能高于未来“发展”后的现金流，购入这样的股票风险可谓不小，若用市盈率定价法来计算B公司的股价，实际参考的市盈率就应该比我们看到的市盈率略低一些。所以说，市盈率定价法是相对于企业内在核心优势和外在竞争环境下的一个借鉴方法，这种方法有它的直接性和普遍性，但又不能完全机械地以静态数据来判定某公司股票的实际价格，定价时还需考虑公司动态市盈率的节奏才行。

另一个计算股价的方法为综合均衡定价法，因为这种方法是以公司某种产品在市场供需平衡时的价格作为定价依据，所以也具有一定的相对性。采用综合均衡定价法一定要拥有三个数据：每股净资产、每股收益以及一个常数。计算单只股票的净资产、收益时，可通过股票基本面来计算它的价格，并得出一个数值。但股价的涨或跌除了与公司公布于众的财务数据息息相关，也不可避免地受到包括公司赠送股票、配股、分红等个股因素的影响和大盘其他因素的影响。因此，综合均衡前面基本面静态数据计算股价时，还要结合各种因素作用下的动态数据，这样得出的才算是综合均衡的结果。

目前股民们经常选用的指南针软件就在2003年得出了四个均衡点价的指标，首次实现了均衡定价技术分析指标化。

表6-5：指南针软件四大均衡定价指标

指标	内容
资金均衡指标	属于大盘长线指标，通过全国人民币货币总量揭示0号流通市值指数的合理位置和合理波动范围。从博弈分析上讲，它是全体国民所认同的大盘合理位置，是全民心理的反映。
基本面均衡定价指标	属于个股长线及中长线指标，根据公司业绩确定股票在当前大盘环境下的合理价位。它是市场上所有股民所认同的个股的合理定价，是全体股民心理的反映。
成本均衡定价	个股中线指标，根据持股者的持股成本确定股票的合理价位。其反映的是市场上持有该股的群体所能接受的价位，是持股者心理的反映。
筹码均衡定价	个股中线指标，根据股东总数和流通盘确定的股票定价，是对个股主力资金介入程度的量化。

与以上两个相对定价法不同的是，现金流计算法具有绝对定价的意义，因现金流是对公司绝对价值评估，不会受到同类公司影响，也不会在市场波动中被高估或低估，所以它的计算方法更为直接。经济学家欧文·费希尔和约翰·伯尔·威廉斯很早以前就对现金流计算法表示极大的肯定，他们认为：股票的价值就在于股票未来现金流的现值，不多不少刚刚好。现在普遍用于现金流计算法的模型理论基础为：任何资产的内在价值是由这种资产的拥有者在未来时期中所能得到的现金流所决定的。言外之意，企业任何资产的内在价值等于它的预期未来的全部现金流现值的总和。

$$V=\frac{D_1}{(1+K)^1}+\frac{D_2}{(1+K)^2}+\frac{D_3}{(1+K)^3}+\cdots\cdots+\frac{Dt}{(1+K)^t}\cdots\cdots=\sum_{+t}^{\infty}\frac{Dt}{(1+K)^t}$$

图6–3：现金流计算法公式

如图6–3所示，V是公司股票等资产的价值，Dt是未来时期以现金形式表示的每股股利或其他现金流，K则是一定风险程度下现金流的合适贴现率。现金流定价法在实际应用中还要借助一些定价模式综合计算，以简化其中“确定股票内在价值”时存在的“预测未来所有时期股利或其他现金流”的难题。

股票的定价模式分为零增长模型、不变增长模型、多元增长模型、市盈率估价法、贴现现金流模型和开放式基金的价格、封闭式基金的价格以及可转换证券、优先认股权的价格九种模型。其中零增长模型和不变增长模型是用得比较多且更有采用价值的两种模型。零增长模型是假定在未来无限期内每年支付的股利都是一个固定数值，即股利零增长；不变增长模型是假定在未来无限期内每股的股利每年按固定的增长率增长。

在科学的方法及模型的参考下，股票的定价问题就能迎刃而解了。

8. 定变：不断调整改变

再完美的计划在变化面前也不得不随机应变，股权激励计划同样需要与时俱进，不断在调整中有所改变，以适应时代变迁，创新与迭代。

2012年7月，苏泊尔公司公布了《股票期权及限制性股票激励计划》，即公司股权激励草案修改稿，调整了公司上一年度权益分派实施后的一些相关事项，并对公司业绩考核增加了更为细化的约束条款。具体内容如下表所示：

表6-6：苏泊尔股权激励草案修改内容

<table>
<tr><th>修改项目</th><th colspan="2">修改内容</th></tr>
<tr><td>内销收入及营业利润考核指标保持不变</td><td colspan="2">以考核上限计算，预计公司2012～2015年内销增速分别为9.7%/17.6%/17.0%/16.5%，2011～2015年复合增速15.2%，较2008～2011年的复合增速22.8%有所下降。</td></tr>
<tr><td>增加净资产收益率要求</td><td colspan="2">公司设定考核期内（2012～2015年），每个考核年度的净资产收益率不低于13%。但公司达标难度不大，过往五年，公司净资产收益率均达标。</td></tr>
<tr><td rowspan="3">增设行权作废条件</td><td rowspan="3">修改稿中规定凡是出现以下三项条件，当期的股票期权的行权额度和限制性股票的可解锁额度作废或回购注销。</td><td>净资产收益率未达标。</td></tr>
<tr><td>当年内销营业利润低于考核下限的95%。</td></tr>
<tr><td>当年内销收入和内销营业利润均未达到考核下限。</td></tr>
</table>

（续表）

修改项目	修改内容
细化各考核年度的业绩要求	旧稿中的考核指标为业绩指标累计值，修改稿中对各年的业绩要求进行细化，并增设“弥补业绩缺口可行权部分股票期权”，指在当年业绩要求未满足的情况下，可通过后续年度业绩进行弥补。

从上表可看出，苏泊尔公司此次草案的修改对公司业绩考核进一步加以细化，综合来看，总体的操作难度并没有因为内容的调整而有明显的上升。结合已经作废的一些条款，基本上可以确定方案修改后的前三年可顺利实现目标，最后一年达到累计目标后可完全行使这样的权力，以保障每年公司业绩的稳定增长和达标。

无独有偶，在苏泊尔调整股权激励方案的同时，2012年7月23日，国美公司也着手准备修改原有股权激励方案。据国美相关负责人透露：“公司此前与股权激励挂钩的销售目标和销售利润将根据现有的实际状况进行深化调整及完善……如果只是涉及销售利润和目标，可能不需要在香港联交所作出披露，但如果涉及分配的年限、比例和数量等问题，则需要在联交所公告。”虽然内部人士并未对具体修改细节做出披露，但外界一致认为，国美股权激励新案或对公司高管的激励作用更加明显。后经证实，重掌国美的黄光裕及其家族除了对公司高管增加激励力度之外，另对基层员工启动了前所未有的“加薪”激励力度。

早在陈晓主政国美期间，国美就已经推出过一次股权激励修改方案，当时包括11名高管和其他员工在内的105位激励对象，共获得公司3.83亿股股权，当时的行权价格为1.9港元/股，需进行为期4年分4次行权。这个当时中国家电业金额最大的一次激励方案，一度成为行业内外热议的焦点，只不过，随着陈晓离开国美，该方案的后两期未能如期实行。而黄光裕此次的“加码”自然就再次成为行业“核心聚焦”。其实，在2011年年底，国美的股东大会就已经有超过八成的人决议通过了有关购股权及购股权计划条款之修订的决议案，注定了国美股权激励的方案从“陈晓版”正式过渡到“黄家版”。调整内容包括对前两期旧案的调整以及提升高管的薪酬，在常规业务基础上另对电商领域进行大刀阔斧的改革，以京东为代表的非实体店员工薪资也有望大幅提升。

2012年进行股权激励方案调整的企业还有宇通客车。据公司发布的公告显示，宇通客车董事会审议通过了《郑州宇通客车股份有限公司A股限制性股票激励计划（草案）修订稿》，并于2012年6月27日召开临时股东大会进行审议。审议的主要内容有调整解锁比例和费用摊销方案，盈利预测及投资建议，包括原材料成本、人工成本上升影响公司毛利率水平，国家行业政策和法规、财政政策的调整，及新产能达产时间晚于预期在内的影响公司旺季销量而带来的风险提示等内容。

当然，股权激励方案的调整并非都往上升趋势调整，也有向下调整的可能，比如万科股权激励的调整，就是减少行权人数并延长了行权期。2010年10月25日，万科曾公布一份股权激励草案（以下简称“旧案”），但2011年3月23日修改后的股权激励计划（以下简称“新案”）却在激励对象、行权期限等方面均做出了调整，而期权授予总量及考核条件没有变化。

万科“旧案”显示，行权总人数为854人，约占公司在职总数的3.94%，“新案”中这个数据为838人，下调了0.6个百分点，在减少的13人当中，包括了2012年离职的前公司执行副总裁徐洪舸与副总裁肖楠（徐洪舸在第一份草案中拟被授予220万股票期权）。“新案”中高管团队定义为14人，比“旧案”中多了3人，杜晶、周卫军、袁伯银、毛大庆作为新任命的执行副总裁出现在了股权激励的高管名单中，分别被授予210万与200万不等的股票期权。整个高管团所持有的股票期权数量由“旧案”

中的3010万股上升至“新案”的3720万股，占激励股权池的33.82%。董事会主席王石与总裁郁亮在“新案”中被授予的期权数量与“旧案”一致，依然为660万和550万股。除此之外，“新案”的有效期延长至5年，比“旧案”的激励计划有效期延长了1年，但每个行权期的行权比例不变，仍为第一个行权期40%、第二个行权期30%、第三个行权期30%。

“新案”对行权条件没有做出新的改变，期权授予总量还是11000万股，占授予时公司股本总额的1.0004%；行权要求还是万科2011年、2012年与2013年全面摊薄的年净资产收益率依次不低于14%、14.5%和15%，并要求相比基准年，之后三年的净利润增长率依次不低于20%、45%和75%。从业绩指标的选取来看，万科的股权激励方案的考核绝非“走走过场”，管理团队要想顺利获得行权绝不轻松。

2013年12月，洲明科技在其调整的股权激励方案中指出：公司董事会日前对激励对象名单及授予的权益数量进行了相应调整，取消了6名行权者参与期权及限制性股票激励的资格，这6名原激励对象因违反了《公司股票期权与限制性股票激励计划（修订案）》及相关规定而被剥夺了总计7万股期权和3万份限制性股票。方案调整后，首次授予的股票期权总数由原来的302.5万份下调为295.5万份；首期授予的限制性股票数量总数由39万份调整为36万份；首期授予的激励对象总数由143名调整为137名。

洲明科技的激励下调并不是因为利润不给力，而是要将更多的“现金流”植入到主营LED产品的全资子公司广东洲明节能科技有限公司上。虽然洲明科技没有明说，但从其前面降低股权激励力度，后面就向广东洲明节能科技有限公司增资3000万元的动作上看，洲明科技根本就“不差钱”。对此，洲明科技声称：“对子公司的增资有利于进一步扩大广东洲明的业务规模及保障其运营顺畅所需的资金需求，进一步提升企业盈利能力，增强广东洲明的整体实力，从而更好地把握当今能源合同管理模式的发展形势及给公司带来的市场机遇，实现规模效应，尽早为公司创造经济效益。”

2014年5月6日，金亚科技公司也对原计划的股权激励方案做出了授予股票期权的总数的下调，由原来的200万份下调至164万份；首次授予限制性股票的激励对象从78人调整为52人，首次授予限制性股票数从180万股调整为171万股。与洲明科技不同，金亚科技才是真正的“差钱儿”。尽管当时有分析认为，金亚科技股权激励的力度下调是其转型成功后公司盈利能力的正常预期表现，更有利于当下的公司激励体系，对公司健康发展有积极的作用。但实际上，2016年2月18日，成都金亚科技股份有限公司“有幸”成为证监会确定的第一家退市公司。从1999年公司成立，到2009年成功登陆深交所创业板，再到2016年踉跄退市，金亚科技的创市之梦香消玉殒。

股权激励的调整某种程度体现出了行权公司的实际发展现状，做得好的想继续做得更好，做得不好的则希望通过调整而扭转乾坤。适度、科学的改变对实行股权激励计划的公司而言是一项必备的技能，但还没掌握这项技能的公司，切莫仓促调整原激励计划，以免造成不必要的损失和自我牺牲。

9.定源：四大来源

中国的股权激励政策发展经历了三个阶段，一是20世纪80年代到90年代的股份制经济试点和普及阶段，二是20世纪90年代以来的资本市场形成和发展阶段，三是2005年底《上市公司股权激励管理办法（暂行）》出台后上市公司股权分置改革期间，股权激励制度的法规体系逐步形成阶段。截止到2014年7月31日，我国A股市场2526家上市公司中，有593家已公告实施股权激励计划（其中上交所主板127家、深交所主板54家、中小板244家、创业板168家）。实施股权激励的上市公司占比23.48%，比2005年10%的比例上升了近14个百分点。

股权激励及股权激励创新带来了利益暴增，不仅是上市企业的挚爱，也深受非上市企业的青睐，如今我国非上市企业中采取股权激励方案的也不在少数。股权激励真正做到了激发管理层的工作积极性，改善了企业业绩增长的固有模式，增加了投资者的投资回报……总之，股权激励计划的优势有很多，即使是处于创业之初的企业，也都在不断尝试各种形式的股权激励计划。要想最大效用做好股权激励计划，一个至关重要的问题不容忽视，那就是股权激励的股票来源。

源之本乃万事万物发生之根，对行权企业来说，首先得拥有这部分用来激励的股票才行。企业用于股权激励计划的股权一般有四个来源：公司预留的股份、增发的新股、回购的股份以及股东转让的股份。

我国公司法实行“法定资本制”原则。所谓法定资本制就是公司在成立之时，在公司章程中对公司的资本总额作出明确规定，股东一次性全部认足或募足后方可发行，否则公司将不得成立其资本制度。但上市公司发行股票时，不允许存在预留股份，那么“作为用于股权激励计划上的预留部分的股权”就不可能存在。所以说预留股份在我国目前的法律环境下尚不能成为上市公司股权激励计划的股票来源。

企业增发新股作为股权激励计划的股票来源是比较方便的，只要经得证券监督管理部门允许，公司又愿意“自掏腰包”，自给自足是完全合法合规、合情合理的，这也是新公司法变化的亮点所在，这种来源实际上就是公司定向直接发新股给员工。

我国《公司法》第143条规定：公司在将股份奖励给本公司职工的情形下，可以收购本公司股份。这就是法律允许公司通过在证券二级市场回购自己发行的部分股份，来作为股权激励基数中的股票来源。当然，公司回购股份是需要经过股东大会决议的，并且公司收购自己的股票数额必须在公司总发行股票数额的5%以下，回购股票所产生的费用需从公司税后利润中支出，一年内需转让给企业员工。不过，通过回购股份作为股权激励股票来源的形式也有其无法被修饰的弊端——《公司法》在第149条中规定了“公司不得收购本公司的股票，但为减少公司资本而注销股份或者与持有本公司股票的其他公司合并时除外”。也就是说，公司只有主动要求减少资本、注销股份，或者与其他持有本公司股票的公司合并，才可以拥有“回购股权”作为激励股源的权利，而且还被控制在五个百分点以内。

最常见的股权激励计划的股票来源是公司股东的转让，只要股东愿意拿出自己的股权与公司做战略性的“交易”，就不会受到过多来自于交易市场或法律上的阻碍。值得注意的是，股东出让自己的股权行为与通常情况下的股权转让非常相似，实际发生出让行为后，也有可能会构成管理层的收购结果。特别是在我国的资本市场中，70%以上的份额为国有上市企业，为了防止国有资产流失，我国国有股的出让往往会受到来自于各方的阻拦和限制，还要经过严格的审批流程，这就造成了很多上市企业的经营者与“股东出让”擦肩而过。

有困难就要找方法解决，这是中国人，特别是智商有得拼的中国人的一贯行事作风。即使股权激励计划中的股权来源再难运作，依然被众多上市公司经营者所采取并实施。这些公司不能违背法律条款获取激励股源，但却可以通过其他的形式创新获取。

首先，公司股东可以通过赠送或低价出售股权给公司的管理层，作为股权激励中的股源。因存在法律上的约束，故而采用这种方式的企业多数为非国企，赠送和出让股权也不能说送就送，还需在公司股份制改革中“见机行事”。非国企公司的大股东还是非常热衷于这种“赠送”形式的，毕竟将公司的利益与员工的利益捆绑起来后，受益最大者为大股东。苏宁电器股权激励计划中的股票来源，就是典型的“大股东低价出售”。2000年，苏宁电器净资产为1.363元/股，2001年在进行股权激励计划时（也是在公司整体变更为股份公司之前），苏宁大股东张近东以1元/股的原始出资额作价，将他自己所持有的20%苏宁股权“低价”转让给公司的经营和管理团队核心人员。仅仅三年的时间，通过股权激励计划的实施，苏宁的净利润就从2001年的2500余万元增长到2004年的18100余万元。公司的快速发展给行权者带来了丰厚的收益，也为企业奠定了夯实的资金基础，特别是公司的大股东，更是一口吃下了一个“无限量的ATM”。苏宁在2004年7月上市的时候，其发行股价是16.33元/股，以当时的股票市值计算，公司管理层所持有的股票价值均在1000万元之上。

其次，公司还可以通过所委托的待定机构收购本公司流通股来“回购”，这种模式更适合上市公司操作。上市公司会联系相关机构以“代表授权者”的身份购买公司股票，也可以理解为互联网时代下的热词“代购”。这其实就是“回购”的一种演变，因为上市企业受到《公司法》中“公司不得收购本公司的股票”等条款的约束，不能通过回购本公司股票的形式实现股权激励，于是就进行了科学的变通——设立管理层奖励基金，完成计算周期的绩效考核后可获得公司的股权激励，只不过，“激励”需要他们出资自行购买。2002年上市的光明乳业在大股东的要求下建立起主要针对高级管理人员的长期股权激励政策，并在2002年和2003年分别从税后利润中计提600万元和560万元作为管理层奖励。但是，此奖励绝不能以现金形式发放，必须采用股权方式，作为高管完成关键经营指标后的激励政策。公司薪酬委员会作为“代理者”使用管理层奖励基金1132余万元在二级市场购入本公司897497股流通股奖励给公司高管。

很多企业为了有效规避法律上的“阻碍”及其他流程上的繁琐，直接用“虚拟股权”或“虚拟增值权”作为激励股源。得到虚拟股的激励对象只享有一定数量的分红权和股价升值产生的收益，没有对股权的决策、转让、表决等权益，且一切权利的享有都是在任职于本公司的前提之下，一旦员工离职，此激励政策就此作废。虚拟股激励计划因不涉及股票的买卖交易，所以也就不存在违法违规现象，但在股票期权问题上，还没有一条法律法规是针对虚拟股的，因此，虚拟股激励计划只能采用公司内部结算的方式运行，难免使公司产生现金上的支出。20世纪90年代后期，上海贝岭微电子制造有限公司面临着外部市场激励竞争，内部人才严重流失，整个相关行业的人才高度稀缺的三重压力，公司决定出台一项比原来执行的“基本工资＋奖金”更有激励效果的激励计划。于是，1999年7月，上海贝岭开始对公司内部高管层级核心骨干试行“虚拟股票赠予与持有激励计划”。该项计划的主要内容有：（1）将每年员工奖励基金转换为公司的“虚拟股票”并由激励对象持有，持有人在规定的期限后按照公司的真实股票市场价格以现金分期兑现；（2）公司每年从税后利润中提取一定数额的奖励基金，然后从奖励基金中拿出一部分来实施这一计划；（3）董事会在每年的年初与总经理、总经理与其下属的激励对象签订协议，年底按协议考核确定奖励基金提取数额及每个获奖人员所获虚拟股票的数额（按考核情况及市价折算）；（4）职工虚拟持股后，若实施送配股，将同步增加持有的股数，若分红，职工也将获得相应的现金；（5）员工持有达到一定年限后，可将虚拟股票按一定的速度分阶段兑现。

虚拟的股票增值权，是指公司给予激励对象规定时间内规定数量的股票增值所带来的收益。虚拟的股票增值权依然不享有股票的所有权、表决权、配股权等权利，与虚拟股票不同的是，虚拟股权只赋予激励对象获取增值的权利，而不是整个虚拟股份的价值，它更偏重于对管理层提高公司业绩的鼓励。国有大型综合企业兰州三毛纺织（集团）有限责任公司独家发起，对其精纺呢绒生产主体部分进行改组，拟采用募集方式设立新股份有限公司，即三毛派神。2001年，三毛派神授予公司董事、高管、技术骨干一定数量的虚拟股票增值权以作为激励政策，该项激励的主要内容是激励对象的每一股增值权价值为年底和年初公司每股净资产的差值，用奖励基金方式分年度发放资金，同时每年留取部分作为风险准备金。增值权持有人分四步对其增值权行权。第一年兑现20%，第二年、第三年各兑现30%，剩余20%作为风险抵押金，在员工离职时兑现。整个激励方案中的股票来源为公司每股净资产的增值部分，只要在股东大会通过便可执行，无须其他部门审批。

作为企业股权激励的“木之本”，股票的来源是核心，企业应从自身实际情况出发，选择可行的来源和获取方式来进行股权激励。

10. 定机制：管控系统的落地实施

所谓机制，在社会学上被定义为“在正视事物各个部分的存在的前提下，协调各个部分之间关系以更好地发挥作用的具体运行方式”。机制被引申至不同领域就会形成不同类型的机制，如医学机制、生物机制、公司机制、股权激励机制等。

股权作为公司的一种激励行为，在硕大的社会系统中是一个比较受约束和管控的活动，股权激励也只有在相配套的机制作用下，才能发挥出其引导激励对象长期为企业利益负责的管理效率。为适应社会主义市场经济发展的内在需求，一种新的人力资源配置方式产生了，即职业经理人市场，这是一个专门为那些“凭本事靠能力吃饭”的人提供服务和约束的配置形式，它的建立、健全直接影响着股权激励手段的有效程度。同样的，也只有满足相应机制约束下的股权激励计划才是企业采纳的必要之选。

激励对象的行为往往直接关系到企业股东的切身利益，影响激励对象行为的除了其自身的利益驱动，也包括来自于公司的各种因素及其他各种外在因素。因此，股权激励计划的制订与实施要得到各种机制环境的支持，在既定的机制下操作股权激励才能最大效用地发挥激励作用。

第一，股权激励计划要满足市场选择机制。充分的市场选择机制是对人才行为产生长期约束和引导作用的前提和保障。股权激励对象一定要具备企业忠诚度，对股东的利益和企业的利益能够做到与自身利益并联和协同发展。非市场选择的方法确定的激励对象很难与股东长期利益保持一致，对这样的对象进行激励是不会达到企业激励目的的。我们这里所说的市场，就是指按照市场规律进行职业经理人这种特殊的人力资源使用权的交易关系总和。

市场提供出良好的选择机制，良性的竞争环境又“无偿”帮助企业进行人才的优胜劣汰筛选，从而将更有激励价值的人才摆到企业面前，受到市场约束的企业激励对象自然就远离了投机取巧、滥竽充数等负面心理，以良好的品德和职业素养在掌握企业核心经营和管理后，积极为企业创造利润，实现价值。

第二，股权激励计划还要得益于市场评价机制。所谓的市场评价方法，是将统一市场环境下与公司评估项目相似且有可比性的“参照物”进行价格对比，得出评估项目的相对市场价值。在股权激励计划中，这种市场评价主要体现于激励对象的选择、作为激励的股权合理数额、绩效考核以及其他激励机制等。市场评价是一种相对简单、有效、可参考采纳的内容，这种来自于市场的评价最后又要运用于市场的机制，有效减少了中间很多可能浪费甚至起到阻碍作用的因素。相反，没有客观有效的市场评价，公司就很难对激励对象形成科学的考核标准和结果，特别是在市场过度操控、政府过强干预、审计体系不能做到相对公正的情况下，资本市场的效率严重匮乏，企业很难从市场上得出自身长期价值及范畴，也就很难科学界定股权激励的量与度。

第三，股权激励计划要适应控制约束机制。股权的约束是指在公司所有权与经营权分离条件下，股东从关切自身利益出发而对公司激励对象实施的必要监控与制衡，包括法律法规政策、公司规定、公司控制管理系统等。股权约束的核心就是保证公司经营者行为与股东价值最大化目标的一致，因此，它的存在是公司健康稳步发展的保障。理论上讲，股权的控制约束机制对企业经营者而言将构成直接的威胁，它要求公司的重大决策与经营者的选聘权等都要经过股东的同意，股东会、董事会、监事会对激励对象的监控均发挥作用，这其中会不由自主地掺杂一些主观因素，既存在股权约束错位、混淆行政权与股东权，甚至滥用控股权的情况，也存在所有权虚置、股权约束软化、内部人控制的问题，从而造成公司股权约束处于失衡的状态。因此，股权约束机制的力度、有效性、强弱程度要尊重三个因素：公司股权集中或分散的程度、有关信息在所有者与经营者之间分布的对称程度及股东的性质。

公司股权越集中，来自于大股东的股权约束力度就越强；反之，则由于中小股东普遍的搭便车心理而使股权约束力相应弱化。公司信息的对称程度越透明均衡，越有利于激励对象的自我考量和企业对员工的监控及效果评估；反之，如果公司两权（所有者权利与经营者权利）分离严重，所有者往往会被动处于信息获得的弱势地位，股权约束的效果也会大打折扣。股权真正“掌舵者”的身份其实有两种，一种是个人股东，另一种是机构投资股东，二者都属于股权实置的原生股东（国有股东是股权虚置的派生股东，法人股东则是引起复杂股权效应的派生股东）。不同的股东对收益性、支配性、投资性的选择顺序和追求程度不同，因而股权约束的力度也各不相同。

第四，股权激励计划的实施要依据一定的综合激励机制，利用综合方式对行权者进行科学引导和价值满足，包括工资、奖金、股权激励、晋升、培训、福利、良好工作环境等在内的综合激励机制的综合使用或个性化搭配使用，都会起到不同的激励效果。通常，股权激励池的大小决定综合激励的具体使用情况，如激励部分财力雄厚，就可以多考虑一些现金上的激励，分红、薪酬、奖金等；而公司现金流有压力的企业，激励则更多在于“希望”和“知识”的给予上，如虚拟股权、虚拟增值权、合理的

“画大饼”、提供内培外训机会等。

第五，股权激励计划还要依附于政府提供的相关政策、法律环境。当然，政府既然要对此进行约束和监管，就需要事先提供一定的机制和政策支持，为企业股权激励创造一个良好的政策环境，形成“政企一家亲”。

第七章

实施方法：如何进行股权激励

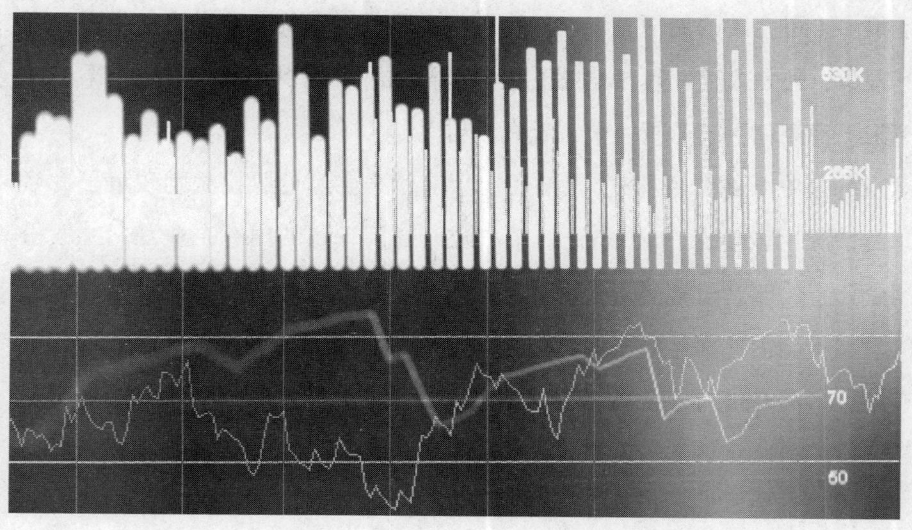

1. 渐进式：掌握核心高管需求

我们一直都在强调，股权激励切忌吃大锅饭，它并不是那种可以全员之间流通的福利政策。但往往有很多老企业，特别是很早之前就“试水”股权激励政策的大型国有企业，都或多或少存在一些疏漏，时至今日形成了很多不可扭转的局面，继续实行股权激励又会遇到之前设定的阻碍。究其根源，还是之前实行激励的时候没有科学系统地设计股权激励方案，接下来，我们就一起分析一个“反面教材”。

一家中型施工企业S公司早在十年前就开始实行股权激励政策了，当时的情况比较特殊，S公司正处于“政府部门下属的国有企业”向“股份制企业”的改造过程。为了顺利实现改造，也为了确保员工的利益和企业的发展不会因此而停滞不前，公司实施的股权激励计划所面向的人群就没有细分，而是进行了全员持股式激励，管理层、核心技术层及普通基层员工之间的持股比例和力度也没有拉开太大的距离，也可以理解为是一种公司的普惠行为。

经过十年的起起落落，S公司到目前为止算走上了较快速的发展轨道，但当初全员持股的弊端也越来越明显，衍生至今，这些弊端甚至让S公司很难再前行。S公司到底遇到了什么样的问题，全员持股的危害有哪些？今天的S公司又该何去何从？带着这些疑问，我们来揭开S公司的“灰暗记忆”。

当初，S公司处于改制期，受到些“爹不疼妈不爱”的冷落，前期经营状况不理想，政府甩下“包袱式”的改制思路后就几乎不再关心了，企业员工的综合素质和能力相对偏低。细想也是，如果具备绝对的竞争力，公司也就不涉及“改制”的问题了。就是在这样一个混沌的状况之下，S公司必须得进行改制。既然大家的水平都差不多，公司的经营者也是第一次接触股权激励，想着只要大家一起顺利渡过难关，“平分天下”又如何？

可是，十年过去之后，当初一起打天下的老将们都带着自己的股权颐养天年了，“流失”在退休人员手里的股权数额多达五成。当初的小将如今也随着企业的发展成长为公司的中坚力量，但是他们所享用的股权激励与他人丝毫没有差别。也就是说，最能为企业创造价值和利润的一群人，没能“多劳多得”，等于一少部分人努力赚钱来“养活”整个公司所有人，甚至有点像当下的社保机制一样——用在职的人赚来的钱养活退休的人，这就很难起到激励的效用。时代在变迁，知识结构也在随之发生改变。20世纪80年代的大学生自然是那个时代的宠儿，但如今本科毕业生满大街都是，硕士研究生毕业后即失业的也比比皆是，企业要想与时俱进取得发展，就一定要汲取最新鲜的“血液”。招揽人才也是S公司战略发展的一重大任务。可是，问题又出现了，企业拿什么来吸引新兴人才的关注和选择？股权激励吗？不可能了，因为企业手里根本没有多余的股权用来授予新员工。

无奈之下，企业只好不断游说退休的老员工，同意公司回购一小部分股权，即使这样也是杯水车薪。但有总是比没有强，公司回购回来的股权是不会免费赠与员工作为激励政策的，只能要求激励对象自掏腰包购买。原本应该是“供不应求”的股权，在S公司的操作过程中却变成了鲜有人认购。产生这样的悲剧，不能完全怪罪员工目光短浅、没有远见，其实企业也有过错。多年以来的“大锅饭”思想在老一辈员工的企业价值观里已经根深蒂固，而在后来的发展过程中这一“传统”又潜移默化地“遗传”给了新员工，让全员“认定”了S公司的股权激励就是一种变相的分红，股权激励是工资的一个“备胎”。

事实上，企业的股权激励计划都是具有未来性和导向性的，它是一种服务于未来的激励行为，它所奋斗的目标是未来某一时期的一个数字，目标达成之后再向下一个或更多个数字努力实现。而创造这些数字的成员，才是股权激励计划中最核心的激励对象。换句话说，企业实施股权激励计划的目的就是满足核心骨干和管理人员的利益需求，只有企业满足了他们的小利益，他们才会帮助企业创造大利益，最终实现的双赢结果就是股权激励的实施价值。

人们总是会随着今天的满足而形成明天更大的期许，比如员工去年的收入是20万，那么今年他期望的收入额度一定会比20万高，就像企业去年的净利润是2000万，那么企业给今年定下的目标就不可能还是2000万，而有可能是3000万、5000万甚至更多。基于这样的战略愿景，企业才会实行股权激励员工。那么，企业在制定激励计划的时候就一定要设想：企业在满足员工激励愿望之后，又该怎么拿出更大的激励额度满足员工新一轮的激励愿望？渐进式激励就此赫然摆在我们面前。

所谓渐进式激励，就是企业将计划授予激励对象的股权分期多次分配给员工行权，比如期权制，假定公司给予某位行权对象每年100万股的激励额度，不必一次性全额授予，可以分为三年三次授予完毕，第一年授予20万股，第二年再授予30万股，第三年最后授予50万股，给激励对象一个“把个人利益与企业长远利益维系在一起”的机会。

从S公司失败的股权激励计划中我们总结出，实施股权激励计划需要渐进而行，不能一蹴而就。设计激励方案时要明确以下问题：（1）以企业战略发展为基础目标实现“上下同欲”。（2）仔细分析公司员工的岗位和性质确认激励对象和额度，绝不能让股权激励成为全员的普惠。（3）股权激励计划的体系不可单一，要多层次多级别拉开距离，让更多的人有幸福的“存在感”。（4）股权激励计划不是制定完开始实施了就不再过问了，一定要有相应科学的配套机制进行约束和监管，避免有人滥竽充数。（5）不能一次性全额支付给行权者，要预想得到骨干成长起来之后如何与普通行权者区分价值，也要预想得到新员工进入后拿什么激励和吸引，才不会待“翅膀硬了”就跳槽。要知道，企业是以营利为目的的，可不是社会主义免费培养人才的摇篮基地。（6）股权统筹是一个逐渐完善的过程，不一定非要在计划实施的开始就一定要达到什么样的结果，未来的变化往往会影响我们事先做好的计划，所以，渐进性地逐步完善将是企业战略发展中更可行的一项措施。

总体来说，企业的股权激励政策不是一次分完了就了事的，而是随着企业的发展和壮大不断衍生出新的目标和新的努力结果。相应的社会法制也会逐渐健全，保护和约束企业、激励对象、市场环境等内外因素。

2. 延迟式：减速发放红利

如果企业实行的股权激励政策影响到了企业自身的发展，甚至严重威胁到现金流量时，请企业暂且停下，回头望望，是不是奔跑的速度过快，跟不上喘息的机会？企业的股权激励计划是一个长期的战略发展性行为活动，但是很多企业为了加快员工创造利润的步伐，不断对股权激励加码。虽然企业的发展速度提上来了，但激励对象的“报酬”也成倍递增，企业股权激励池的维度也在无限扩张，员工赚了钱，市场赚了钱，企业却无偿为大家买了单。

前面我们讲到，股权激励的额度要分期多次渐进授予激励对象，但是行权者实际拿到手的“红利”则相反，要采取延迟减速发放的策略。比如，行权者今年应得到的红利是2000股期权和10万元现金，企业不要一次性全部支付给行权者，可以分五年三次授予完毕，例如：第一年授予1000股期权＋5万元现金；第二至三年之间支付700股期权＋3万元现金；第五年支付剩下的200股期权＋2万元现金。

这样做的好处就是减少了公司现金流的压力；延长了激励对象获利时间轴，使行权者自主地将目标放于企业长期发展之外的时空而不是当下。对激励对象来说，应得的那部分利益先是获得一半，接着获得一少半，又一段时期之后才能全部获得完毕，这桩看似“赔本”的买卖并不是不可接受，因为很多企业在实际操作中，授予激励对象的股权是循环性的，即今年授予的数量，明年还会继续授予，这样的情况下，虽然员工单次的获利变少了，但是累加起来每年得到的还是在增长中。

表7-1：股息红利的一般发放形式

形式	内容
现金股利	上市公司以货币形式支付给股东的股息红利，也是最普通最常见的股利形式，如每股派息多少元，就是现金股利。
财产股利	上市公司用现金以外的其他资产向股东分派的股息和红利，可以是上市公司持有的其他公司的有价证券，也可以是实物。
负债股利	上市公司通过建立一种负债，用债券或应付票据作为股利分派给股东。
股票股利	上市公司用股票的形式向股东分派的股利，也就是通常所说的送红股。

H公司曾因全员持股政策导致严重亏损被迫走在破产的边缘，经过一系列摸索和尝试“变革”股权激励模式后，特别是将员工所获得的红利部分延迟减速发放之后，不仅缓解了公司现金流危机，也利用不那么忙碌的空隙，提升了员工的价值和企业的价值。

H公司也是中国老一批实行股权激励计划的众多企业之一，因此也没能逃脱掉全员持股“大锅饭”的“激励陷阱”，不可避免地走了一段股权激励的弯路。2001年时，H公司实行第一轮股权激励计划，计划设计为全员持股，公司主要业务采取“等、靠、要”的方式，发展完全依赖上级公司，为“大锅饭”创造了一个特别温馨的滋养环境，结果直接导致公司年负利润近500万元。

认识到问题的严重性之后，公司经营者开始进行整体改制，包括管理岗位人员竞聘上岗，各岗位工作人员实行按劳分配等，股权激励对象瞬间有了拼搏的斗志，企业活力重现，公司也实现了扭亏为盈的利好。但是，新问题出现了，行权者是有了工作积极性，但企业里没有享受到激励政策的员工开始有了逆反心理，身心受到了严重挫败，甚至有人认为，做不到“滥竽充数”，那就做好“浑水摸鱼”，往往将下达的任务指标推托不能完成，将压力全部甩给了激励对象们，产生了一种“破罐子破摔”的心理，导致企业股权激励的再一次遭遇瓶颈。

到了2007年，H公司进行了第三次股权激励改革，经过职工持股会与董事会的多次讨论和共同决议，将股权激励模式调整为“按岗持股、岗变股变”。比如，公司基层员工按照其岗位定级所能获授的股权激励数额为200股，通过职位的晋升，当成为中层管理者的时候，其获授的股权数额就会达到500～1000股甚至更多。行权者获得的权益完全依赖于职位的高低，虽然“全员持股”不存在了，但“激励钝化”的现象依然存在。

直到2013年，公司经营者在第四次股权激励计划“变革”中，大刀阔斧地将激励对象的“红利”获取方式调整为“延迟减速不减量”的发放模式，将每年股权分红上“结余”出来的利润全部用于公司的建设和发展，通过强化股权激励的导向作用，有效延长员工自主服务企业的年限，实现了公司人均净利润、人均经济增加值、全员劳动生产率等多项指标独占行业之首，公司年营业收入突破六个亿，年均增长60%以上，年人均利润总额70亿元……令人喜悦的数字，在股权激励的不断改革和创新发展中真真切切地呈现在企业和员工面前，此时此刻，没有谁会因为分红的“延迟”和“减速”不悦，而是将个人的利益完全放在了企业长期发展的战略规划中。

“延迟”和“减速”在利益获取的概念里仿佛都是令行权者有意规避的词汇。正常发放都让人迫不及待呢，这要是延迟了，再减速了，万一未来的某一天企业破产消失了，还没有得到的权益又该找谁补齐呢？可见，在企业实际操作中，的确会遇到这种大家都不愿意看到的事情。而一旦企业因不能盈利破产了，激励对象还没有分到的红利也被“扼杀在了摇篮里”，企业再也不能偿还任何红利或债务时，最大的损失者还是员工个人。为了避免这样事件的发生，激励对象必须努力为公司创造价值，不断发挥自己的主观能动性，时刻以企业的发展目标为导向，只要“家还在”，一切都好说。你瞧，企业只要设计好了股权激励计划的形式，在相对完善的流程上顺其自然地发展下去，一切难题都迎刃而解了。

3. 五步连贯式：逐步加强的阶梯过程

股权激励最早产生于西方发达国家，后来逐渐被世界各国效仿和照搬。中国不同于发达国家与传统意义上的发展中国家，中国自身具备的特征、特质决定了股权激励实施过程需要有所创新和集成。任何一个方案的制订若不能为活动行为提供支撑和服务，就不会起到良好的效果，甚至没有结果可言，如此这般就不如不激励。既然要做方案，就要结合国家的基本国情，结合企业的自身现实情况，个性化设计股权激励方案。

天五行、地五岳、人五官、乐五音、人间五味、手脚有五指，“五”俨然成为世间百态的核心。中国股权激励咨询领域的拓荒者、上海复旦大学经济学博士薛中行借助“五”的造诣，在股权激励计划的实施过程中，科学、实用地首创了“五步连贯式”的实施方法。“五步连贯股权激励法”将股权激励的实施分解为“定股”“定人”“定价”“定量”“定时”五步骤，针对企业独特性质进行层层深度剖析，从而设计出一套适用于该企业的量身打造的股权激励方案。它不仅适用于我国上市企业，同样适用于非上市企业、上市路上的企业、成长期中小型企业乃至初创型企业。

定股，即确定公司计划采用哪种股权形式作为激励政策，不同的公司根据其性质和发展形式的不同，所适用于激励的股权形式也有区别。我们都知道，股权类型依性质的不同可分为普通股、优先股、混合股、有无记名股、有无面额股、国家股、单位股、个人股、A股、B股、S股、H股、N股，国外还有蓝筹股、红筹股等，此时企业就要从多种股权激励的股源中寻找最适合的一种应用于企业当中。“种子”选好以后，就到了为它找一块适合它生长的“土壤集地”的时候，即采取什么样的形式实施股权激励计划，通常分为期权、限制性股票、股票增值、虚拟股权等模式。

期权模式是公司向激励对象发放期权证书，承诺在一定时期内或一定条件达成时给予激励对象“以较低价格购买公司股权”的权利。这种形式的优点是，它是一种权利而非义务，激励对象有权在股价过低时选择放弃行权，减少了个人持有者的投资风险系数；因为有一定的期限限制，激励对象需要将个人利益与公司长期的发展利益捆绑在一起，对公司而言自然是希望越长期越好。但期权制也有它的弊端，比如，行权的时间和数量都受到限制；虽然激励对象只享有权利不必承担义务，但他们必须出资购买公司的低价股权；倘若公司违法操作，恶意抬高股价，那么激励对象就会被迫“破财”。所以，这种模式更适用于上市公司或者上市公司控股的企业。

限制性股票模式的限制主要体现在两方面：获得条件和出售条件。关于获得条件，国外大多数企业的做法是将一定数量的股份无偿或象征意义收取点费用授予激励对象；我国《上市公司股权激励管理办法（试行）》规定激励对象需满足相应的业绩条件。至于出售条件，国外的激励计划中没有单独或特殊的条款约束，一般依据公司不同要求、不同背景设定出售条件；我国对限制性股票严格规定了禁售期。

股票增值权模式是指公司给员工指定的事先约定好数量的股权作为股票增值权的对象，在激励对象持股时期内，若公司股票价格上涨或公司业绩上升，各激励对象就可以获得来自于股价上涨或业绩上升带来的利润上的“分红”。这种模式相对简单易操作，公司和个人利益分割点就在于股价上涨带来的利润即公司业绩上升带来的利润部分，不会存在其他利益方面的纠纷，审核流程也比较简化，不需要纠结股票的来源所在。只是，激励对象不能够获得真正意义上的股权。以我国目前的国情分析，股价的上涨或下跌与公司业绩的好坏没有直接联系，单凭股价上涨进行分红，其实还是难以做到公平公正的，那些为公司创造业绩更多的员工未必就能“多劳多得”。

虚拟股票模式指公司与激励对象签订合约，事先明确所授予的股权数量、行权时间及条件、双方各自的权利与义务，通常以年度为周期进行分红。虚拟股实际上是可以转化为真正的股票的，这样对激励对象来说更有激励价值和效果，毕竟能够“掌权”才是吸引。该种模式的优点在于，它不会影响公司的总资本及所有权的架构，即便发生重大变动也不会造成股票的价格波动，操作起来也很简单，只需要股东会通过即可。但到兑现期时，公司需支付一大笔现金，可能会造成公司现金流的动荡，行权和抛售期的价格也不受控，比较适合现金流充裕的上市和非上市公司。

定人通常有三个原则可依：具有潜在的人力资源尚未开发、工作过程的隐藏信息程度及有无专用性的人力资本积累高级管理人员。企业对激励对象也会相对科学地规划出三个层面，即核心层：中流砥柱（与企业共命运、同发展，具备牺牲精神）、骨干层：红花（机会主义者，他们是股权激励的重点）、操作层：绿叶（工作只是一份工作而已）。不同层面的激励对象所享受的权利和承担的义务也不同，与人力资源中的定岗、定责、定薪有些相似，但真正对企业的价值创造贡献最大的通常是骨干层。

定时就是给股权激励计划制定出行权时间，包括授予日、可行权日、行权限制期、出售日。授予日是激励对象股份支付协议获得批准的日期；可行权日指可行权条件得到满足，职工或其他方具有从企业取得权益工具

或现金权利的日期；行权限制期又称等待期，是从授予日至可行权日的时段可行权条件得到满足的期间；出售日指股票的持有人将行使期权所取得的期权股票出售的日期。

定价就是依据公平市场价的原则确定股票行权价格，夸张点说，可以理解为拍卖，就是说，企业将自己的股权衡量过市场价之后，定价授予给激励对象。当时给予行权者的价格为行权价，他日激励对象出售股权时，若高于当时的市价则赚了，反之，低于市价的话，行权者就赔了。

给股权激励计划定量分为两部分，定个量和定总量，其中，除经股东大会决议批准的以外，一般性质的激励对象所获得的股权数额不能超过公司总股本的1%；高管个股预期收益水平应控制在其薪酬总水平的30%以下。定总量就是给这次激励计划定一个总的激励池额度，这个额度没有严格意义上的限制，一般都依据公司的财务水平而定，不差钱的就多激励些，初创期和迅速扩张期的企业就可以少拿出些激励额度，绝不能为了激励以获得更多的回报而亏空了企业。

总之，“五步连贯股权激励法”，环环相连，步步紧扣，在增强内部凝聚力、向心力和战斗力上创造出了别具一格的贡献。

在现实案例中，“五步连贯股权激励法”又是如何操作的呢？

成立于2000年的A公司，注册时的资金是100万元，2009年经过十年的发展创造出800万元的税前利润，此时公司的净资产已达到2000万元，预计每股净资产年增长率为100%。为实现公司长期战略规划，充分激励人才，并为以后创业板上市留好接口，A公司决定建立长期激励机制，实行股权激励方案。2010年，A公司通过“五步连贯式”设计股权激励方案。

第一步是定股。公司将股源定价为0.1元/股，公司股份总数1000万股，每股的净资产为2元。鉴于公司已经过了创业阶段，目前已经步入发展阶段，公司为这次股权激励计划制定了股份期权的模式。第二步是定人。公司将全体员工分为核心层和中层，核心层由外部资源和高管等共计6人组成，中层则由10个部分的负责人组成。第三步是定价。按照2009年公司的净利润800万元计算，公司以每股净资产2元作为初始授予价格，股价的增长模式并不继续沿用“净资产”方式，而是采用五步法中的股价确定原则。第四步为定量。公司拿出总股本中的20%放进激励池中，即16名激励对象将获得总额200万股的授予和激励。最后到了定时阶段。公司采取循环激励模式（循环模式与渐进模式不同之处在于，循环模式每次行权额度相同，周期相同，而渐进式则有可能递增亦有可能递减），每年授予激励对象100万股，按照6：4的比例分两年行权，即16名激励对象2010年享有60万股的公司股票行使权利，2011年享有120万股（60万股为上一年度的第二期，另外60万股为新一年度授予的100万众的60%）的行使权利。

A公司依据五步法设计的股权激励方案亮点有三：其一，两年行权有效遏制了行权者的短视行为，能够主动积极地与公司长期发展相连；其二，每年循环激励的频度，不仅能促进可行权者日积月累的进步和更上一层楼的努力，也足以吸引外部人才的进入；其三，以净资产作为初始价格，而非用净资产确定每年的股价，更能起到激励的长期性效果。

4. 西学中用式：海氏岗位价值评估法

我国实施股权激励计划的企业，不论是上市的还是非上市的，抑或是初创型企业，究其根本目的就是通过股权激励员工为企业创造更大价值业绩。对股权激励计划进行方案设计，其实我们有很多成功的案例值得借鉴，比如西方国家就有成功的且多元化的激励计划，“拿来主义”未必就不可行，去其糟粕取其精华乃智者之为，西学中用往往会取得更加有效的成果。比如，将以测评岗位职能为主要作用的海氏岗位评估法应用到国内企业股权激励计划中，就是一个非常科学的借鉴和拼接。

海氏岗位价值评估法又称职位价值评估法、工作评价法，通过对企业员工工作进行基础性分析，对该员工所任职的岗位在组织中的影响范围、职责大小、工作强度、工作难度、任职条件、岗位工作条件等特性做出相对科学和严谨的评价，以确定岗位在企业组织中的相对价值、建立岗位价值序列，特别是公司在制定股权激励计划的时候，海氏岗位价值评估法具有科学的参考性。

海氏评估法的科学性主要体现在，它所综合评估出的员工岗位价值是以岗位工作人员的最佳特质为蓝本进行系统分析，而不单单是目前在职人员的表象。该评价法具有三个显著的特性：

其一，岗位价值衡量的是公司所有岗位之间的相对价值，不是某一岗位的绝对价值。如A公司的营销企划部主管一职，在该公司的众多部门及岗位中属于上层管理者；另一家B公司同一职务，仅仅算是公司中层管理。这样来看，二者所处的企业环境不同，其在公司的地位和价值也不同，不能用一种视野来看待两个环境下的统一名称，其实，它们也就是名称一致，本质和特性却有着明显区别。因此，岗位评估不能脱离开企业这个特定的环境，通过预先设计好的评估模型，对主要影响岗位的因素逐一测定和评估，从而得到岗位在公司众岗之间的相对价值。

其二，海氏评估法得出的岗位测评结果具有一定的稳定性和可比性。公司是在不断的发展、进步的，公司的员工也随着知识的集成与工作方法上的不断创新前行着，一个公司的发展目标、组织机构、岗位设置更不会随意更改，因此，岗位价值的评估结果也存在相对的稳定性。但这不是绝对的稳定，因为公司的战略可能会受到市场环境的影响而发生变化，导致公司自上而下的流程也发生变化，所以说，如果仅是小范围的调整，不需要重新再做一次岗位评估，可以依据以前的岗位价值评估结果，选定一个参照点具体确定新增岗位的岗位价值即可。

其三，岗位价值评估的过程结合了多种评价技术和手段，因此相对更科学、更严谨。通常，一次科学的岗位价值评估过程需要综合运用组织设计与管理、流程设计与优化、数理统计和计算机数据处理等技术，借助岗位排序法、岗位归级法（岗位分类法）、因素比较法等多种岗位价值评估方法综合使用，所以所得到的结果是客观公正的价值评估。

海氏岗位价值评估目前在我国大型企业中广受好评，它不仅帮助企业建立起岗位价值级别统一标准，还为薪酬分配奠定了客观的基础，除此之外，在人力资本培养方面，海氏岗位价值评估也为企业员工的职业发展指引出一条明确的路线。

每个企业都不可能只设立一个岗位，而且不同企业中相同的工作内容也可能唤有不同名称，或者相同名称的职位在不同的公司岗位职责、工作

内容也存在差别。这么多异同点很难放在一起进行比较，关于哪个岗位是公司的核心，哪个岗位为企业创造的业绩最多，哪个岗位应该获得更高的薪酬，这么多的不确定性，但凡要解决一个都够让人事和行政部门忙活的了。所以，海氏岗位价值评估法的“驾到”乃是天时、地利、人和。

很多企业的薪酬制度实行“背靠背”，实际上绝对保密很难做到位，明处谁也不问，私下却都特别清楚。于是，攀比、衡量、妒忌、不满等消极情绪在企业各阶层之间徘徊不散。有了海氏岗位价值评估法就能最大限度地改善了这一恶劣环境，考核、标准透明化，谁有疑问直接拿“成绩”说话。

很多员工在刚刚入职一个企业的时候，可能只熟悉自己的岗位职责，但随着工作的进一步开展，特别是协调工作强度比较大的岗位人员，其个人的综合价值不间断地被历练、增长着。企业都十分重视内部人才的培养，对于企业来说，从公司内部培养起来的员工远远比外聘的人才性价比高得多。海氏岗位价值评估法非常贴心地帮助企业及员工做好了这项规划，特别是为岗位员工指明了发展方向，人才培养与价值提升都有海氏的功劳。

海氏岗位价值评估体系在企业股权激励计划中的管理和应用不再是陌生的话题。人力资源作为企业的核心竞争力及主要业绩创造者，势必在企业的战略发展中占据绝对的地位，留住和吸引人才最有效的股权激励法此时发挥了巨大作用，但股权激励方案却远没那么简单，很多失败的案例都向企业家们敲醒了警钟——激励对象的选择，激励额度的确定，行权周期性等问题必须依据企业自身条件而定，岗位价值测评结果正是带着这些相对科学的使命应运而生，此时不用更待何时？

岗位价值评估在企业股权激励计划中的主要作用体现在：有效实现对实施和实现企业预定目标的控制作用；有效实现岗位评价对岗位上员工的

激励作用；对企业员工行为方面起到了“无声胜有声”的导向作用。

海氏岗位评估法是美国工资设计专家Hay于1951年开发出来的，这个至今已有60余年历史的评估法真正被引进中国企业的时间还很短，它如同新鲜的血液般充斥着整个中国企业，特别是大型国有企业、外资企业、上市企业等，给企业的激励政策带来相对科学的价值。

5. 金色降落伞：为老将保驾护航

企业的股权激励制度被形象地比喻成“金手铐”，意思是说，这是企业以经营结果为本对激励对象进行长期激励的一种报酬制度。“金手铐”是企业发展的客观需求，但企业的行权者们会安心被“铐”住吗？特别是与企业生死存亡切身相关、摸爬滚打不离不弃的核心骨干们，企业对这样的激励对象往往不是“铐”，而是“靠”，如“降落伞”般，将这部分从天而降的财富授予激励对象，而非“砸”下去。这种用员工自身创造的利益和企业所获得的利益回报老将、保驾护航的激励模式，越来越受到中国企业及相关监管部门的关注。

2006年，中国证监会发布《上市公司股权激励管理》办法，自此，众多中国上市企业开始大张旗鼓地开展股权激励计划，随后，监管部门又陆续出台了股权激励有关事项备忘录系列1、2、3等，从股权激励的对象、股源、会计处理等方面加以释义和规定，目的就是防止激励信息上的不对称，进而对股权激励对象予以合法性的利益保护。

但这种“降落伞”的保护也不是万能的，股权激励计划往往会受到股市动荡的直接影响，美的电器曾因为股市变化两度放弃股票期权，九阳电器因2010年股价暴跌而彻底剔除了股权激励。见证了两大电器行业股权激励“走投无路”的无奈之举，2012年，苏泊尔正式推出股权激励计划，拟对核心员工的工作积极性“镀金”。据公司公告显示：苏泊尔这次股权激励计划对象为73名核心员工，激励的力度比较适中，共提供出包括25万份股票期权和275万股限制性股票总计1100万份权益，占公司总股本的1.73%。除此之外，苏泊尔根据上一年度利润分配方案，每10股转增1股，即股票期权首期行权价格由计划中的15.86元/股下调至14.15元/股。激励计划有效期限为5年，首批期权可以在授予日的一年、两年、三年及四年后，依次行权10%、20%、30%和40%。股权激励计划的专项考核期为2012～2015年共4年，考核期内，公司每个考核年度的净资产收益率不低于13%，方可行权。除此之外，苏泊尔还规定了行权条件和限制性条款来对股权激励计划加以约束和监管。

尽管有美的、九阳这些股权激励计划被迫终止的企业，但像苏泊尔这样“迎难而上”的勇者也有很多。如海尔、海信、创维、TCL、志高控股、ST科龙等多个家电类上市公司都纷纷开始实施股权激励计划。可见，在中国这个经济大国里，股权激励计划确实有着它不可替代的重要性。

股权激励的目的其实是很单纯的，但由于操作过程中存在太多的变数，导致企业业绩停滞不前，行权者利益受损，股权激励计划的“镀金”保护也就褪了色。要让股权激励计划在万千世界中“出淤泥而不染”，公平公正地保护行权者利益，同时激励员工自主选择企业长期价值摒弃短期利益，实现企业股权激励的最终目标，需妥善做好四件事情：第一，提高股权激励计划中的行权条件，淡化激励计划以净利润为考核指标的局限性；第二，少用限制性股权激励措施，避免企业“头脑发热”时赤裸裸的利益“赠送”；第三，激励力度适度即可，不要一下子拿出太多资本砸进激励池，否则，老本亏空的滋味可不好受；第四，善于发现和利用股市“潜规则”，努力提高公司自身价值，从而使公司股价顺其自然地上涨。一般而言，一个成熟规范和具有价格发现功能的资本市场，是实现股权激励的前提条件。

随着股市的回暖，上市企业的股权激励对象们的热情又开始高涨起来，对于企业员工而言，股权激励能够增加其荣誉“存在感”。某IT行业从业人员L，上半年工作目标是：“技术等级再晋升一档，达到公司规定的股权激励对象的级别。”在L看来，他所就职的企业前景良好，个人对企业的文化也非常认同，于是不断在工作上加倍努力，希望早日获得公司为骨干职工设立的股权激励计划资格。L认为：“如果对公司前途有足够的信心，那么获得股权某种意义上比加薪更重要，这其实更像是一种荣誉和肯定——只有足够优秀的员工才能获得。而分到公司股票的员工自然会更加努力工作，处处为公司的长远利益考虑，希望公司股价实现持续增长。”

一家初创公司的员工Z也在努力奋斗，希望争取早日达到股权激励对象的要求。据Z描述，他在该公司工作了四年，业绩较突出，因此得到公司领导的赏识和股东们的重视，成为股权激励发展对象。公司会在每年的第一季度后为业绩突出的员工发放奖金和股权以作激励，然而Z所获得的股权远远没有同级别其他人的多，因此深感公司股权激励政策的不公平，决定跳槽到其他相对更公平的公司去。在他看来：“股权激励有利于提升骨干职工对企业的忠诚度，但如果激励不到位甚至不公平，反而会让员工对企业产生不信任感，这样的‘镀金’激励不要也罢。真正能为企业创造出业绩的人才到哪儿都不担心赚不到钱。”

在一家科技公司工作十年的W是公司第一批享有股权激励的员工，但是随着激励政策的开展，许多像他一样的中层领导不再受到来自“业绩”的考核约束，太多的为股权激励奋斗的“后来者”几乎包揽了公司所有的业绩目标，这样的温床效应让公司的老将们不知不觉就变得懒散了，成了公司股权激励中的“滥竽”。W认为：“选择对哪些员工给予股权激励，有必要慎重一些。比如有些管理层员工虽然职位较高，但其对企业的忠诚度和贡献力量却不及有些一线员工。对于他们来说，激励的成本很高，效果却不好。情况严重的话，更会引发一些内部矛盾。”

可见，要想真使股权激励变成一把镀了金的保护伞，首先要设计一套科学性的股权激励方案，并搭配一套完善的考核机制。股权激励是一把双刃剑，要想让它始终发挥积极的作用，企业和员工彼此的责任和义务可谓任重而道远。

6.渠道激励式：整合上下资源

2014年9月，老板电器推出股权激励计划。这原本算不上新鲜，表面上看也没有什么创新之举，被媒体拿出来宣传貌似是一件挺无聊的事儿。但当大家仔细读过老板电器股权激励计划的方案，特别是结合老板电器多渠道整合资源的大手笔之作后，都不禁感叹："'老板'真的不愧是老板！"

老板电器此次推出的是限制性股票激励计划，股源为公司定向授予87位激励对象的450万股股票，首次授予价格为15.16元/股，激励对象均为公司高层管理人员和核心业务与技术人员。该限制性股票激励计划分三次解锁，满足解锁条件分别可获比例为30%、40%、30%数量的限制性股票。

表7-2：老板电器限制性股权激励计划解锁条件

	解锁条件	解锁数量
第一次解锁	相比2013年，2014年净利润增长率不低于30%，净资产收益率不低于20%。	30%
第二次解锁	相比2013年，2015年净利润增长率不低于65%，净资产收益率不低于20%。	40%
第三次解锁	相比2013年，2016年净利润增长率不低于110%，净资产收益率不低于20%。	30%

受到“城镇化”的影响，老板电器同时将股权激励计划加以新的思路整合，希望在这次机遇中捕捉到更大的利益爆点。“思变思进、激励激活、下放下沉、共享共赢”十六字精准地概括了老板电器新渠道整合资源的整体战略，公司加强了对其经销商团队的激励，对渠道体系整体加以调整，对三、四级市场深耕细作，充分发挥“城镇化”带来的突破性机遇，并与产业链各渠道资源整合，实现各利益方共享发展成果。公司计划最近几年实现全国范围内200家代理商的市场规模。公司这种激励下沉的策略多多少少触动了现有代理商的利益，但激励计划都是为企业长期价值做保障服务的，也正是因为公司在渠道资源上的上下整合，推出未来三年每年复合增长30%以上的股权激励，才使“老板”在激烈的市场竞争中稳步前行，对落实公司新的经营战略予以重大助推。

2016年是“十三五”规划的开局之年，发展资本市场恰是改革的关键内容之一，多渠道推进股权激励被正式纳入中国当代建设中来。中国人民银行金融研究所所长姚余栋表示，“十三五”规划将对金融领域的相关议题有所阐述，主要包括鼓励金融创新、发展多层次资本市场、加快利率汇率市场化改革、实现资本项目可兑换和人民币更加自由使用、完善金融宏观调控和监管、更好地发挥政策性和开发性金融作用及发展普惠金融。

我国股权市场的建设基本形成了主板、中小板、创业板、新三板的多层次格局，未来在新三板市场快速发展的大环境下，进一步完善多层次资本市场体系，多渠道推进股权融资或成为资本市场未来五年的改革重点。

表7-3：主板、中小板、创业板、新三板的对比

项目	新三板	创业板	主板、中小板
名称意义	新三板市场特指中关村科技园区非上市股份有限公司进入代办股份系统进行转让试点，因为挂牌企业均为高科技企业而不同于原转让系统内的退市企业及原STAQ、NET系统挂牌公司，故形象地称为“新三板”，现已推广至全国范围，是深圳证券交易所为鼓励自主创新，而专门设置的中小型公司聚集板块。板块内公司普遍具有收入增长快、盈利能力强、科技含量高的特点，而且股票流动性好，交易活跃，被视为中国未来的“纳斯达克”。	创业板又称二板市场，即第二股票交易市场。创业板是指专为暂时无法在主板上市的中小企业供融资途径和成长空间的证券交易市场，是对主板市场的重要补充，在创业板市场上市的公司大多从事高科技业务，具有较高的成长性，但往往成立时间较短，规模较小，业绩也不突出，但有很大的成长空间。可以说，创业板是一个门槛低、风险大、监管严格的股票市场，也是一个孵化科技型、成长型企业摇篮；其目的主要是扶持中小企业，尤其是高成长性企业，为风险投资和创投企业建立正常的退出机制，为自主创新国家战略提供融资平台，为多层次的资本市场体系建设添砖加瓦。	也称为一板市场，指传统意义上的证券市场（通常指股票市场），是一个国家或地区证券发行、上市及交易的主要场所。主板市场先于创业板市场产生，二者既相互区别又相互联系，是多层次资本市场的重要组成部分。相对创业板市场而言，主板市场是资本市场中最重要的组成部分，很大程度上能够反映经济发展状况，有“国民经济晴雨表”之称。主板市场对发行人的营业期限、股本大小、盈利水平、最低市值等方面的要求标准较高，上市企业多为大型成熟企业，具有较大的资本规模以及稳定的盈利能力。中国内地的主板市场包括上交所和深交所两个市场。

（续表）

项目	新三板	创业板	主板、中小板
适用法规	《中华人民共和国公司法》《中华人民共和国证券法》《非上市公众公司监督管理办法》《全国中小企业股份转让系统有限责任公司管理暂行办法》和《全国中小企业股份转让系统业务规则（试行）》。	《中华人民共和国公司法》《中华人民共和国证券法》《首次公开发行股票并上市管理办法》《深圳证券交易所股票上市规则》。	《中华人民共和国公司法》《中华人民共和国证券法》《首次公开发行股票并上市管理办法》《上海证券交易所股票上市规则》。
主体资格	非上市股份公司。	依法设立且合法存续的股份有限公司。	依法设立且合法存续的股份有限公司。
经营年限	存续满2年。	持续经营时间在3年以上。	持续经营时间在3年以上。
财务指标、盈利要求	业务明确，具有持续经营能力。	最近两年连续盈利，最近两年净利润累计不少于1000万元，且持续增长；或者最近一年盈利，且净利润不少于500万元，最近一年营业收入不少于5000万元，最近两年营业收入增长率均不低于30%；	主板： （1）最近3个会计年度净利润均为正数且累计超过人民币3000万元，净利润以扣除非经常性损益前后较低者为计算依据； （2）最近3个会计年度经营活动产生的现金流量净额累计超过人民币5000万元；或者最近3个会计年度营业收入累计超过人民币3亿元； （3）最近一期不存在未弥补亏损；

（续表）

项目	新三板	创业板	主板、中小板
财务指标、盈利要求	业务明确，是指公司能够明确、具体地阐述其经营的业务、产品或服务、用途及其商业模式等信息；公司可同时经营一种或多种业务，每种业务应具有相应的关键资源要素，该要素组成应具有投入、处理和产出能力，能够与商业合同、收入或成本费用等相匹配。持续经营能力，是指公司基于报告期内的生产经营状况，在可预见的将来，有能力按照既定目标持续经营下去。	净利润以扣除非经常性损益前后孰低者为计算依据。（注：上述要求为选择性标准，符合其中一条即可）最近一期末无形资产占净资产的比例不高于20%。	（4）无形资产与净资产比例不超过20%，过去三年财务报告中无虚假记载。 中小板： （1）最近3个会计年度净利润均为正且累计超过人民币3000万元；（2）最近3个会计年度经营活动产生的现金流量净额累计超过人民币5000万元；或者最近3个会计年度营业收入累计超过人民币3亿元； （3）最近一期末无形资产占净资产的比例不高于20%； （4）最近一期末不存在未弥补亏损。
主营业务	主营业务突出	发行人应当主营业务突出；同时，要求募集资金只能用于发展主营业务，最近2年没有发生重大变化。	最近3年内没有发生变化或重大变化。
资产要求	无限制	最近一期末净资产不少于两千万元，且不存在未弥补亏损。	最近一期末无形资产（扣除土地使用权、水面养殖权和采矿权等后）占净资产的比例不高于20%；且不存在未弥补亏损。

（续表）

项目	新三板	创业板	主板、中小板
成长性及创新能力	中关村高新技术企业（即将逐步扩大试点范围到其他国家级高新技术产业开发区内）；多集中于新能源、新材料、信息技术、生物医药、节能环保等行业。	“两高五新”企业，发行人具有较高的成长性，具有一定的自主创新能力，在科技创新、制度创新、管理创新等方面具有较强的竞争优势；符合“两高五新”标准，即（1）高科技：企业拥有自主知识产权的； （2）高增长：企业增长高于国家经济增长，高于行业经济增长； （3）新经济：①互联网与传统经济的结合；②移动通讯；③生物医药； （4）新服务：新的经营模式； （5）新能源：可再生能源的开发利用，资源的综合利用； （6）新材料：提高资源利用效率的材料；节约资源的材料； （7）新农业：具有农业产业化；提高农民就业及收入。	无限制。

“多层次格局”所关注的重点正是股票发行注册制改革、新三板市场建设和并购重组融资渠道拓宽等三个方面。资本市场的壮大将为

“十三五”期间的经济发展提供有力保障。股权激励作为资本市场一大利器将会解决中小企业融资和发展的重任，甚至是盘活整个资本市场的重要武器。企业在多渠道整合资源过程中，需谨慎关注资本市场的瞬息万变，而万变不离其宗的，往往是那些助力企业发展的核心、有效手段，比如，股权激励计划。

第八章

执行细则：体系要素的相互支持

1.股权激励方案的酝酿

一套完善的股权激励方案至少包含六个核心元素：激励对象的设定、购股规定、售股规定、行权者的权利与义务、股权管理及操作方式。在设计股权激励方案的过程中，要围绕这六元素逐一进行梳理及整合，最终形成一个可行的激励方案。

股权激励可以是针对企业经营者及管理层的股权激励，也可以是普通员工及技术人员的持股计划，通常这种以股票形式支付董事、基层管理者的报酬模式被认为是一项长期有效的激励手段，是将员工与企业利益联系在一起的纽带。激励对象在获得股权激励的同时会被要求一定的“限制”，如购买价格、行权期限、被授予的数量、行使的权利等。上市企业的行权价格可参考股市价格，其他企业的购股价格应依行权的股票价值而定。股权激励的形式有很多种，其中一部分行权者不享有转让权，被允许转让的那部分股权也被规定了出售价格、数量、期限等约束条件。行权者在获得股权激励的时候，所承担的责任和义务与其所享有的权利是相辅相成的，除了购入和售出的相关限制性约束，关于股权的分红、收益、表决以及承担股票贬值可能带来的风险等权利与义务都需要在股权激励方案中准确标明。股权的管理包括所进行激励的股权来源、股权池的占比；操作方式是指股权的转让行为，但实际操作中，为了规避法律上的限制和约束障碍，一些企业不会在真正意义上发生股权转让关系。

目前我国企业所采用的股权激励形式基本上可以分为三类：期权类、限制性股权类和利益分成类。期权是在各项条件吻合的时候，激励对象按照事先确定好的价格购买公司股权的权利，如果对这部分权利加以限制，即为我们所说的第二种类别——限制性股权类。股权与限制性股权的本源都是股权，输出结果都是以员工中长期激励为目的，过程中也都对行权者的权利加以约束和限制，分期有度，人在权在，人走权留。但股权与限制性股权也有本质上的区别，如行权者真正获得行使权力的时间节点不同，限制性股权将行权者的行权时间前置，计划开始即享有管理与分红权；期权是将行权者的权利后置，在实现既定目标之后才能正式行使权力。与股权、限制性股权截然不同的“利益分成”主要是指股票增值权、虚拟股票等，它所作用的结果属于短期性激励行为。

了解了股权激励计划制定过程中的要点，我们还必须弄清楚几个问题：股权激励的初衷是什么？企业与激励对象之间沟通不畅怎么办？如何将企业与员工的利益矛盾化解为利益共同点？员工的进入与退出机制怎么体现在股权激励计划中？

股权激励计划并非授予出去就可以告一段落了，股权激励的核心是通过授权的过程，以公司经营目标为标的，结合公司相应机制，给予员工“经营”企业的权利和责任。股权激励计划的初衷就是激励员工的工作积极性、主人翁意识、个人创造性的深度挖掘、最大限度地为企业创造业绩等，可简单地理解为，股权激励的初衷是“激励”，激励对象是“员工”，目的是“创造业绩”。然而，企业的创始人及管理层在制定公司股权激励计划时，考虑更多的是，激励计划是否站在公司的立场，维护着公司和团队的利益，往往忽视了激励对象的利益。而行权者的利益，才是股权激励的初衷。

不过话说回来，尽管我们一直强调员工的核心价值性，但在股权激励的实际操作中，员工始终处于劣势地位。参与主体上，公司是实施者，员工是授予者；身份地位上，公司是主体，员工处在依附于公司而存在的弱势谈判地位；激励过程上，公司是“游戏”的开发者，员工是永远的“玩家”。最大的障碍往往出现于签署股权激励协议时。公司会在协议上严格规定激励对象的服务期限，有些员工不理解为什么要约定这么多的冰冷条款，甚至会认为这是一份现实版的“卖身契约”。此时就会出现公司与员工立场不同的矛盾心理，公司认为这类员工过于矫情，给他们激励还嫌麻烦；员工则会认为公司过于抠门，就给百分之零点几的“分红”恨不得让员工奉献一辈子。可见，如果沟通不到位，公司与员工彼此之间很难站在对方的立场思考问题，从而衍生出很多不必要的麻烦。

其实，股权激励是一件好事，给员工更多的回报，给企业带来创造更高利润的机会，是一个双赢的政策行为。只要利益双方能排除障碍，将彼此利益捆绑在一起，相信就不会有矛盾产生了。比如，深入浅出地与员工讲清股权激励涉及的诸个概念，讲明股权激励的流程和逻辑关系，必要时，科学绘画一个能实现的“大饼”给激励对象也不是不可以的。

上海的Q公司是专项自主研发的大型企业，随着市场前景的看好，公司顺利从发展期过渡到高成长期。为了凝聚更多人才，充分激发现有员工的积极性，公司决策层决定制订一套股权激励方案。在酝酿公司股权激励计划方案过程中，Q公司的决策者系统地对市场和公司进行考察，从公司实际情况和战略发展方向出发，开始一步一步酝酿方案计划。

第一，从公司人力资本附加值上着重考虑，那些历史贡献较大、自身工作及价值难以取代的员工，更适合成为激励对象；第二，结合公司的业绩及个人业绩的实际情况，对公司的人力资本价值做出评估以确定股权激励力度；第三，考虑到公司属于大型研发型企业，公司员工数量较大，层级较多，激励方式绝不能单一，要依据激励层面来确定激励方式；第四，在设计股权激励方案之前就要做好相应的调研工作，包括外部市场环境，也包括企业自身的战略规划，股价增长机制需按企业战略做依据；第五，股权激励计划是一项长期工程，故而不能一次全部做出激励，况且，在企业的发展中也会出现很多预期不到的变化，所以要综合企业的战略规划期、员工心理预期、工作性质等来设计股权激励的周期；第六，方案制订后就要企业与员工双方签署，所以，在设计之前就要预设好相关的约束和机制，如授予协议、退出机制等都要细化，以避免法律纠纷发生。

2. 股权激励的实施计划

所有内外因素都做好了调研，整个股权激励计划的酝酿结束后，流程上即进入实施计划的环节。至于“如何实施股权激励计划”，如果将大师级专家们的建议汇编成书，只怕没个几十本都说不清。可见，股权激励的模式、形式以及所实施该计划企业的特性等因素可以“排列组合”出太多成功与失败的案例了。的确，股权激励是一件利国利企利民的好政策，实施计划的主体也都本着一份积极的态度来操作，但是，很多时候还是会有“好心”办“坏事”的情况发生。再科学完善的股权激励方案，倘若操作不当依然会成为一大堆废纸。

华为公司有一个基本理念——以奋斗者为本！这不仅是成熟企业的激励之源，同样也可以成为初创期企业和成长期企业的“股权激励之座右铭”。企业在实施股权激励计划之初，就必须与激励对象明确沟通好，股权激励是一个长期的激励计划，不是短期行为，更不是立竿见影的利益膨胀，它需要企业与行权者共同奋斗和努力，在达成业绩目标后才能分得一杯羹。激励对象若认为股权激励是“打倒封建大地主，农奴翻身分田土”或者“共产主义大锅饭”那就大错特错了。在股权激励开始实施的那段时期，无论是企业还是行权者都身处于“投入”的阶段，也是在下赌注，企业扔进去的是股权和红利，赌的是企业的业绩和利润的超额回报；员工付出的是工作上的积极主动和业绩的创造，赌的是行权期的利益分红。在所有人都没有安全过渡到“享受期”的时候，就需要大家摆正姿态，认清现状和形势，为了共同的长期价值继续奋斗。

奋斗归奋斗，即使企业同员工的彼此利益被捆绑在一起，企业也一定要将控制权紧紧地稳定地握在自己手里，切莫夸张了激励，失了企业和股东的立场。不管什么时候，股东的结构都比股权的结构更重要。一般来说，除了个别叱咤风云的人物能独立执掌企业傲立于竞争激烈的市场环境中，初创企业都是由几个合伙人共同支撑起公司的整体运营的。所以，企业家的合作伙伴，也就是你们共同支撑起来的公司股东就是公司的骨骼和架构。纵使核心人才是公司的生命之血液，但没有骨骼的血液也是一潭死水，所以，企业家在维护和激励员工利益时，一定要将股东的利益放在核心的位置。“阿里巴巴的鼻祖”马云从出生的那一刻就是个怪才，只是一生没有遇到真正识得他的伯乐，于是他只有自己当自己的伯乐——创业！现在看来，马云在产业和战略上的财富是巨大的，但早些年的资本市场上并没有任何有关马云的痕迹，直到马云遇到了蔡崇信，阿里巴巴才有了飞跃性的发展。阿里巴巴的上市创造了很多财富神话，跟着马云一路厮杀的一干众将也实现了各自的财富梦想。马云是成功的，他的成功不仅体现在他创造的财富和神话，更体现在他在财富的路上始终协同着股东的利益，阿里巴巴的股份，其核心始终掌握在马云和他的“罗汉”手里。

股权激励计划的实施可不是一套方案就能搞定的，至少在现在的市场行情里，还没有出现一款称得上是“万能”的股权激励方案。企业激励对象大体上可分为老员工、新员工和未来拟定引进的人才三类，三者具有各自的属性和特点。在所有公司成员的级别上又可以分成高级管理人员、中层管理者及基层员工三类。三层级别的人员到底谁才是“企业主色系”，如何搭配激励方案才能满足所有层面人员的心理预期，在保护股东和企业利益之上如何维护不同层级激励对象的权利与义务？这些看似“车到山前必有路”的问题往往会难住智慧与地位并驾齐驱的企业家。给予企业战略的发展，企业家可采取“二八定律”来确定激励对象和激励力度。

“二八定律”是1897年意大利经济学家帕列托创造出来的，他在对19世纪英国社会各阶层财富与收益的统计中发现：80%的社会财富集中在20%的人手里，而80%的人只拥有社会财富的20%。这就是“二八定律”的初级模型。虽然“二八定律”看上去十分不公平，但它却在社会、经济和生活中无处不在地肆虐生长。股权激励计划的实施同样不能摒弃“二八定律”的贡献：少部分的高管和核心骨干掌握激励池中的大部分财富，既维护了公司的人才稳定性，也实现了骨干的特殊存在感；大部分普通激励对象掌握激励池中的少部分财富，一方面激励了员工的工作积极性，另一方面也能激发其他员工努力实现激励目标的斗志，从而带动企业长期价值的良性发展。

企业股权激励计划的实施离不开外部环境和内部优势的结合作用，因此股权的激励水平要参照外部竞争特性和内部相对公平性的分配原则。股权激励对象对于公司而言重质不重量，能吸引这部分人才的激励计划一定要具有绝对的竞争性，与其他企业的“福利”相比要独树一帜，才能吸引和留住人才。那么，公司要拿出多少股份作为股权激励才适合呢？这就要看企业的自身价值和财富了，同时更重要的还要与员工的心理预期保持一致性，即便不能同等，也不能差得太多，否则，激励对象都不买账的激励计划还是一堆废纸。

定完了总量，定个量也是一个艰巨的挑战。“不患寡而患不公”是股权激励常出现的问题，我们曾在前文中介绍过海氏岗位价值评估法，岗位价值相对更具有公平性，企业家在实施股权激励计划的过程中可参考和采纳。

股权激励不是福利计划，它的存在一定不能脱离企业的战略导向，股权激励计划的实施过程要配套设置业绩考核指标，在岗位价值评估的基础上，用业绩“说话”更有说服力。股权激励的正确逻辑是：通过明确的战略目标分解、业绩指标分解、岗位职能厘清及岗位价值判断、业绩考核，从而打通“战略→股权激励→业绩考核”整个链条，使股权激励成为推动战略落地的重要手段，实现公司价值的最大化。

3.股权激励的报告与审批

如下表所示，股权激励计划的申报及审批是受到严格的管控和法律约束的，虽然操作起来比较繁琐，但激励往往都是与约束并存的，否则，股权激励计划的实施将不可控，恐怕到时候损失最多的就是企业了。

表8-1：国有控股上市公司股权激励计划的申报和批准注意事项

<table>
<tr><th>项目</th><th colspan="2">内容</th></tr>
<tr><td>申报</td><td colspan="2">按照公司法人治理结构要求，上市公司的股权激励计划草案由董事会下设的薪酬和考核委员会拟定，之后提交董事会和股东大会审议批准。</td></tr>
<tr><td rowspan="7">申报材料</td><td>1</td><td>股权激励计划草案。</td></tr>
<tr><td>2</td><td>董事会决议。</td></tr>
<tr><td>3</td><td>法律意见书。</td></tr>
<tr><td>4</td><td>独立财务顾问报告。没有聘请独立财务顾问的，则不需提交。</td></tr>
<tr><td>5</td><td>有关部门的批复文件。</td></tr>
<tr><td>6</td><td>中国证监会要求报送的其他文件。</td></tr>
<tr><td>注：</td><td>中国证监会自收到完整的股权激励计划各案申请材料之日起20个工作日内未提出异议的，公司可以召开股东大会，审议并实施股权激励计划；在上述期限内中国证监会提出异议的，公司不得召开股东大会并实施股权激励计划。
公司在发出召开股东大会的通知时，应当同时公告法律意见书；聘请了独立财务顾问的，还应同时公告独立财务顾问报告。</td></tr>
</table>

（续表）

项目	内容		
注意事项	1	上市公司国有控股股东在上市公司董事会审议其股权激励计划之前，应与国有资产监管机构进行沟通协调，并应于上市公司股东大会审议股权激励计划之前，将上市公司董事会审议通过的股权激励计划及相应的管理考核办法等材料报履行国有资产监管机构审核（控股股东为集团公司的由集团公司申报），经审核同意后提请股东大会审议。	国有控股股东申报的股权激励报告包括以下内容： （1）上市公司简要情况，包括公司薪酬管理制度、薪酬水平等情况。 （2）股权激励计划和股权激励管理办法等应由股东大会审议的事项及其相关说明。 （3）选择的期权定价模型及股票期权的公平市场价值的测算、限制性股票的预期收益等情况的说明。 （4）上市公司绩效考核评价制度及发展战略和实施计划的说明等。绩效考核评价制度应当包括岗位职责核定、绩效考核评价指标和标准、年度及任期绩效考核目标、考核评价程序以及根据绩效考核评价办法对高管人员股权的授予和行权的相关规定。
	2	国有控股股东应将上市公司按股权激励计划实施的分期股权激励方案，事前报履行国有资产出资人职责的机构或部门备案。	《企业国有资产法》第十一条：国务院国有资产监督管理机构和地方人民政府按照国务院的规定设立的国有资产监督管理机构，根据本级人民政府的授权，代表本级人民政府对国家出资企业履行出资人职责。国务院和地方人民政府根据需要，可以授权其他部门、机构代表本级人民政府对国家出资企业履行出资人职责。
	3	国有控股股东在右列情况下应重新履行申报审核程序。	（1）上市公司终止股权激励计划并实施新计划或变更股权激励计划相关事项的。 （2）上市公司因发行新股、转增股本、合并、分立、回购等原因导致总股本发生变动或其他原因需要调整股权激励对象范围、授予数量等股权激励计划主要内容的。

2008年，中国证监会对股权激励的相关事项下发了《备忘录》，就一些比较敏感的问题进一步加以明确，从而对股权激励的审核标准再加一层约束力。《备忘录》意图明确，旨在进一步规范股权激励制度，使其“名副其实”“物尽其用”，将以往激励制度运行中所暴露出来的问题逐一扼杀在摇篮里。《备忘录》的强制性效果凸显，一经面世即引起市场一片哗然。但相关专家分析，《备忘录》的出台的确能够解决股权激励制度施行以来出现的上市公司借道股东实施股权激励、上市公司在重大利好公布前后突击激励、股权激励行权指标与公司业绩脱钩等一系列问题，如《备忘录》中规定：股东不得直接向激励对象赠予或转让股份（股东拟提供股份的，应当先将股份赠予或转让上市公司，并视为上市公司以零价格或特定价格向这部分股东定向回购股份，然后按照经中国证监会备案无异议的股权激励计划，由上市公司将股份一年内授予激励对象）；上市公司披露股权激励计划草案至股权激励计划经股东大会审议通过后30日内，上市公司不得进行增发新股、资产注入、发行可转债等重大事项，上市公司在履行重大事件信息披露义务期间及履行信息披露义务完毕后30日内，不得推出股权激励计划草案；以定向发行方式进行限制性股票激励的，授予价格不得低于定价基准日前20个交易日公司股票均价的50%……从《备忘录》的新规中不难发现，以往股权激励的监管过程中披露出的问题实在太多了，此次《备忘录》重磅出击，势必会对以往股权激励监管“灰色地带”予以严格治理。

但总体来说，股权激励的监管加强，是对市场的一种公平、公正待遇。有问题出现，就会有因“问题”而受损的企业或个人。实施股权激励的目的，是在企业的所有者和企业的经营者之间建立利益共享、责任共担的利益趋同机制，通过利益关系来完善公司的激励约束机制。

1958年，美国股权激励计划鼻祖凯桑在其发表的《资本主义宣言》中指出："生产要素只有资本与劳动两种，为达到机制上的公平，应建立一种使劳动者兼得劳动和收入，以减少管理与劳动的冲突、抑制工资上升、提高劳动生产率的制度。"

西方管理学者迈赫兰在研究中发现，企业高管持股比例与该企业的业绩形成之间成正向关系，即企业高管受到企业股权激励的力度越大，他们所为公司创造出的业绩越可观。

但是，股权激励计划必须在一定制度的约束下才能顺利衍生出积极效果。经实践验证，股权激励计划的顺利实施，需要依附在一个有效的机制之下，该机制能够促进公司的治理和业绩提升，而企业最应该做的，就是不断完善制约机制，确保约束机制"保护"下的股权激励计划能够产生真正的高效激励成果，打造一个相对公平的市场环境和投资环境。

4.股权激励的日常运行

在企业的股权激励计划日常运行中，往往会出现预想不到的问题，遇到毫无前车之鉴的障碍。企业经营者一定要善于利用问题，彻底解决问题，以企业自身情况为出发点，灵活操作，切莫夸大问题的属性，避免影响最终的判断和解决问题的能力。

如下表8–2、8–3、8–4所示，在上市企业与非上市企业股权激励计划的实施过程中都会存在不同的问题，当问题出现时，企业家和员工们的第一反应大多是股权激励计划的设计环节出现了问题，往往没有认识到，一套完善的股权激励方案若实施过程中操作出现不当，一样会滋生出恶性问题及事件。我国的股权激励计划在实践中就存在一些误区和障碍。

表8–2：我国上市公司股权激励存在的问题

类型	主要问题
内部治理中存在的问题	内部人控制，主要体现为：董事会不能代表全体股东的意志；董事会中董事的构成主要为内部人，即由公司日常经营活动的执行者或管理者构成；内部人通过控制董事会影响甚至操纵股东大会。
	对股权激励实施的根本目的和作用认识不足，导致实施效果发生偏差。
	股权激励方案中的公司绩效考核体系不够健全。没有客观、有效的市场评价机制，很难对公司的价值和经理人的业绩做出合理评价。

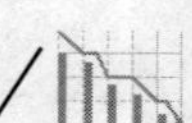

（续表）

类型	主要问题
外部环境中存在的问题	职业经理人市场不够健全。在我国的国有上市公司中，绝大多数经营者是由政府部门任命的。据中国企业联合会、中国企业家协会对国有企业经营者所做的问卷调查来看，经营者由主管部门任命的占73%，由董事会任命的占20%，其他方式任命的占7%。行政任命因受到许多复杂因素的影响常带有相当的不确定性。通常情况下，经营者在某一公司的任职一般都不会超过5年，而股票期权的行权期一般都需5～10年甚至更长时间。在这种情况下，股权激励这一长期激励机制就很容易同不可预见的行政任命制发生冲突。一旦发生冲突，经营者只能无条件地服从组织的调动安排，其结果是股权激励机制难以实施下去。
	资本市场的弱有效性。公司内部实行的股票期权制度，源于股票交易市场上作为一种衍生金融工具的股票期权，而后者的产生，是以成熟的股票市场为前提条件的。因为在股票期权制度下，行权价的确定、授予股份数量的权衡、经理人员的业绩考核、期权股份的变现等都与股市状况密切相关。

表8-3：我国股权激励实施的对策和建议

序号	对策及建议
1	尽快解决国有股权所有者或出资人缺位的问题。
2	科学制定合理的股权激励方案，将股权激励计划与公司的发展相结合，上市公司应围绕发展战略，结合发展现状，确定股权激励的目的、目标，制定科学合理的股权激励方案，并在不同的时期调整激励目标，使激励对象的行为与公司的战略目标保持一致，从而有效地提高激励对象的工作积极性，更好地为企业服务，促进企业的可持续发展。
3	建立科学的业绩考核制度，完善经营业绩考核体系。
4	加快建立健全职业经理人市场。
5	加快建立一个成熟资本市场的脚步。
6	完善国家法律体系，保障股权激励实施效果的安全、稳定、高效。

表8-4：非上市公司股权激励常见的问题及解析

问题类型	问题描述	解决对策
公司控制权的问题	有些非上市企业股东在进行股权激励的时候，主动将自己的股权进行稀释或转让，没有注意到这样可能失去公司的控制权。一旦失去控制权，公司可能引发混乱，最终导致股权激励不光起不到预期的效果，还可能使公司的管理变得非常糟糕。	在非上市公司进行股权激励的时候，一定要优先考虑控制权问题，在确保不失去公司控制权的前提下开展股权激励。实股转让的比例可以小一些，或者采用不需要转让实股的股权激励方式，比如虚拟股权、延期支付等模式。
股权激励的退出机制不明确导致产生纠纷	激励对象作为劳动合同的主体，同时又是股权激励的激励对象，在产生劳动纠纷的时候，往往使得问题会变得更加复杂。	在实施股权激励方案前就应该明确激励对象的退出机制，对各种可能产生的纠纷提出明确的解决办法。
激励对象行权条件设置的问题	股权激励不是一项免费的福利，它必须有相应的行权条件。不少公司在制定股权激励的行权条件的时候，制定的目标容易走向两个极端，一个极端是经营目标过低，那就变成一种奖励懒惰的行为了，股权激励就成为了普适性的福利制度了；另一个极端就是经营目标过高，怎么努力也无法实现，这样股权激励对象就会觉得公司的股权激励是走形式，反而对股东产生不信任的心理，影响公司的正常发展。	要在股权激励的行权条件上设置一个需要跳一跳才能够得着的目标。在制定目标的过程中要参考两个数据： （1）通常要参考行业的一些经营指标，制定的目标尽量在行业50分位之上。比如净资产收益率行业50分位已经达到10%，就不可能将目标定为8%。 （2）该企业的历史数据。比如这家企业经营数据指标每年都在行业的75分位左右，目标就不能依然定在75分位，而是应当适当提升一点。

首先，我国企业在实施股权激励计划过程中存在四项认识上的误区：其一，混淆了股票期权与员工持股计划。员工持股计划是一种福利性更强

的持股计划，受益人群范围较广；而股票期权则是倾向于激励性的股权激励方式，主要激励对象为高管、技术和业务骨干等。其二，混淆了期股与期权。期股的本质是一个实股、收益权股（干股）以及期权的组合性股权激励工具；期权则是一定时期内享有公司股票一定权利的行为。其三，认为员工持股就应该将国有资产无偿或低成本地分给员工，才能达到激励目的。其四，认为国有控股上市公司实施员工持股或经营者持股必然会导致国有资产流失。这些认识上的误区，错误地引导企业实施激励计划，加之来自法律、税收、会计处理、职业经理人市场的不健全，社会上对于收入差距的偏见以及作为新兴资本市场的弱有效性等操作障碍，也限制了股权激励的有效发挥。因此，股权激励计划要想顺利操盘还需要满足以下几个基本条件：

表8-5：股权激励计划的实施条件

类别	序号	必须满足的条件
一般上市公司	1	最近一个会计年度财务会计报告未被注册会计师出具否定意见或者无法表示意见的审计报告。
	2	最近一年内未曾因重大违法违规行为被中国证监会予以行政处罚。
	3	未曾出现中国证监会认定的不能实行股权激励计划的其他情形。
国有控股境内上市公司	1	公司治理结构规范，股东会、董事会、经理层组织健全，职责明确。外部董事（含独立董事，下同）占董事会成员半数以上。
	2	薪酬委员会由外部董事构成，且薪酬委员会制度健全，议事规则完善，运行规范。
	3	内部控制制度和绩效考核体系健全，基础管理制度规范，建立了符合市场经济和现代企业制度要求的劳动用工、薪酬福利制度及绩效考核体系。

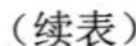
（续表）

类别	序号	必须满足的条件
国有控股境内上市公司	4	发展战略明确，资产质量和财务状况良好，经营业绩稳健；近3年无财务违法违规行为和不良记录。国有控股上市公司，是指政府或国有企业（单位）拥有50%以上股本，以及持有股份的比例虽然不足50%，但拥有实际控制权或依其持有的股份已足以对股东大会的决议产生重大影响的上市公司。
国有控股境外上市公司	1	公司治理结构规范，股东会、董事会、监事会、经理层各负其责，协调运转，有效制衡。董事会中有3名以上独立董事并能有效履行职责。
	2	公司发展战略目标和实施计划明确，持续发展能力良好。
	3	公司业绩考核体系健全、基础管理制度规范，进行了劳动、用工、薪酬制度改革。

股权激励计划的日常运行本身就是一件复杂的系统工程，实际操作中需兼顾各方利益，灵活规避风险和障碍，认清现实的误区并树立尊重法律的正确意识，方可发挥出股权激励计划的最大效用。

5. 股权激励的信息传达

在股权激励的实施过程中，信息的输出是一项非常重要的内容。信息的对称与否，或是否受到某些因素的操纵，所呈现于世的是否为真实的有据可查的信息等问题，都将影响到股权激励接下来的呈现结果。

股权信息的传达，在行业中有一个专属名词——“信息披露”，是指实施股权激励的公司通过招股说明书、上市公告书以及定期报告和临时报告等形式，将公司相关信息向股东、股民及社会做出公众公开披露的行为。有关信息披露的完整和真实程度是对行使股权激励公司的客观要求，也是市场监管的客观责任。因此，对于信息披露有着严格的管理制度及要求。

信息披露制度又称公示制度或公开披露制度，是上市公司为保障投资者利益、接受社会公众的监督而依照法律规定必须将其自身的财务变化、经营状况等信息和资料向证券管理部门和证券交易所报告，并向社会公开或公告，以便使投资者充分了解情况的制度。信息披露制度包括股票发行之前的信息披露和上市之后持续公开发布信息的行为，由招股说明书制度、定期报告制度和临时报告制度“三合一”组合而成。

我国股权市场中的信息披露尚存在制度、权责、执法等方面的缺陷和漏洞。信息披露在引进入我国股票市场的过程中，由于传统的社会经济基础及体制不能同新兴的股票市场机制完全匹配，其中存在的“异同”就会衍生为难以逾越的鸿沟。例如：股票市场的产权制度尚未真正形成；股票发行的数量与规模制度尚存在实施方主观色彩；国家给予上市公司的制度仍存特许性质；股票市场的体系还有很大的完善空间；股票交易场所地方化特点过于明显。诸多来自于制度上的缺陷严重影响了信息披露的规范性，甚至成为那些“罪恶交易”的“安全温床”。

另一方面，诸多漏洞的暴露也说明了我国股票市场信息披露的监管权责不分明，执法力度不强，执法要求不严。把最高监管部门都不明确的信息传递给地方各级监管部门，岂不更加混乱？特别是对于一些职责分工不明确的层级，有权无责往往容易形成暗箱操作，产生腐败。而作为执法者，若其执法深度、广度不够，就很难树立起自我威严，要是再不主动出击，就极有可能成为行权的唾弃对象、施权的傀儡。

鉴于此，相关部门应该进一步完善上市公司的信息披露制度。首先，最重要的就是解决信息传达不畅、不对称的问题，有效的解决办法为“信息持续性公开”。这样做不仅便于新兴投资者关注和了解企业整体优势和不足，还能为政府及监管部门提供更多的参考和利用消息，减少股票市场所提供的信息不对称的可能性，实现市场规范透明化。其次，信息披露制度的核心应该是防止企业经营者操控财务预测信息而获得暴利的行为发生。保证企业盈利预测的质量是信息披露制度的作用之一，而规范信息披露制度又是预测公司财力的前提，因此，建立健全的信息披露制度是对股权激励计划顺利实施的重要保障。

对于那些刚刚走在创业路上，或者即将迈向创业的年轻企业家们，如何做到股权激励信息披露的转型和升级是个严峻的、极具挑战性的任务。现将从成熟并成功的案例中总结出来的几点建议整理出来与大家分享，企业“复制＋创新”或能成功。

传统股权激励性质是“一股一票”“同股同权”，这种规则在中小企业投资者的心里曾是一把有效的保护伞，然而现在是互联网+、大数据的创新时代，那些紧跟国家时代创新步伐不停奔跑的企业家们，虽然他们的企业尚处于襁褓中，但它们的成长速度之快却出乎世人的预料。这样的加速度在企业迅速成长的体系中也有可能造成一些障碍。以一个简单的生活常识为例，人的一生之中有几次生长期，当你的身高不断向上延伸、你的骨骼不断扩张时，如果营养跟进不到位，就会有可能造成钙质供应不足。此时，我们不可能去阻止骨骼的生长，能做的就是补充钙质促进吸收，带动身体生长，减少阻碍。那么在股权激励信息披露上存在的“一股一票”的局限性，就可以逐渐向“不规则选择权”上倾斜。

外部融资越发简易且人力资本输出越来越重要的时代已经来临，互联网+是时代的话题，也是企业升级转型的生命线，“大众创业、万众创新”敦促着企业家们必须不断推出新的业务模式，以在激励竞争环境中获得始终不败不倒的优势，这就要求信息披露制度需从以人才治理为中心的企业过渡到以企业家治理为中心的企业中来。

随着老一辈“财富神话”的“淡出江湖”，新一轮智者的角逐正激烈进行着，而与此同时，功成身就的第一代财富创造者们是否情愿将财富“接力”给第二代、第三代的年轻继承者还存在很多未知因素，但愿意承担起“中介”角色的“家族信托”和“公益性基金”广泛兴起。互联网+是时代机遇的一次“普惠”，能抓住机遇并运作得如行云流水者为胜。

监管部门也应该将原有的强制行为缓和成具有选择性的信息披露。毕竟苛刻的制度很容易在承运者身上“灰飞烟灭”，而得益于企业价值的信息更容易被理解和接受。大数据时代显然“扼杀”了更多的不对称信息，也包括企业不愿公之于世的那部分秘密。如何做到公开的公正、涉密的保留，恐怕又是严格信息披露制度带给企业家的又一大难题。因此，未来监管者需要调整信息披露政策，逐步实现从强制性信息披露到选择性信息披露的转变，以适应互联网金融发展的特点。

第九章

统一规划：股权激励因时因地因人而异

1. 进攻型：狼性发展需求

股权激励核心的意义和作用就是通过实施该计划留住核心人才、吸引外部人才、激励普通员工、提高成长业绩以及降低经营成本。本章我们将以股权激励的几大重要意义为出发点，阐述不同时期的不同环境下，不同企业统一规划应该采取什么类型的股权激励计划最有效。

随着“创新”这一热词的迅速普及，人们的生活方式、习惯、态度、价值观等方方面面，都充斥着“创新”的不同诠释。国家要求政府创新管理，以增强党员干部的执政能力建设；市场要求企业创新发展，以顺应时代的变化而增强自身的核心竞争力；企业要求员工创新思维，以不断增强自主学习能力；自然要求社会创新能源，以绿色、环保、健康来重新定义可持续发展的科学理念……当全世界都紧追着“创新”一词奔跑时，一大批顶着“创新”责任的新兴企业也蓬勃发展起来。那些以现有思维模式提出有别于常人思路的见解，那些以现有物质为基础在特定历史环境下重塑事物的行为，那些本着理想化的需求不断满足社会发展需要的新事物、新方法、新元素、新路径逐渐取得特效。

那么，这些新兴的企业如何得以迅速地发展，如何在激烈的市场竞争环境下高傲地挑衅对手又华丽地转身赢得满堂彩呢？答案很简单，就是拥有一群狼一样的队友，才能打败对面那些羊一样的对手！而让你的队友跟着你的狼性不断发展和进攻的“鞭策”就是股权激励的实施。是的，股权激励计划的有效实行，是迅速发展起来的那些企业惯用的留住人才的有效途径。

企业的领导者都十分清楚，人才与技术是企业并驾齐驱的两大核心竞争力，任缺其一都将摧毁企业的竞争能力，留住掌握企业核心技术的人才自然就变成了企业狼性发展时期的重中之重。或许行业的市场环境不会刻意去主动挑选成员，因为竞争机制已经自主地帮它做好了“适者生存不适者淘汰”的筛选，但在企业迅速发展期提供资金援助的投资者们，则会洞悉投资对象的每一个有价值的细胞，看行业、看方向、看业绩，更看团队能力。

很多时候我们会发现，一个绝对有竞争价值的企业，在对的时间和对的方向却没有取得更好的成绩，其根本原因就是团队的成员不够给力。企业的发展一样依附于人才的创造价值，所以，企业的领导者们就需要通过有效的激励措施长期调动员工的工作积极性，不断放大员工的创造力和生产力，此时，股权激励计划就是入选的最佳激励措施。

凭借“我叫MT Online”游戏“一夜暴富”的“超级玩家”邢山虎曾坦言，他的成功不仅仅是因为专注和享受游戏、创造游戏，更主要的是他有着一套科学的人才管理办法——阶梯式股权激励留住人才的创新理念。从十几个员工发展到四百人企业，邢山虎只用了不到三年的时间，而且，他从没有因为担心人才流失而寝食难安过。企业要发展就必须留得住人才，留得住一时是幸运，留得住一世才是智者所为。

当人才得到此时的激励满足之后，未来的一定时期内，他一定会有新的期许和目标。企业只有不断满足人才的需求，人才才能够稳定地留在公司不断创造生产价值。这并不是对企业家的一种“要挟”，这是情理之中的发展需要。员工的发展也是企业的发展。

如果把企业比作一艘航海之船，那企业家和企业人才就都是这艘船上的个别零部件。船是不会自己运行的，即使在有风的前提下，也只能顺风而行。要想让船只加快行驶速度或者逆流而上，就要增强各个零部件的“行动能力”，必要时给予其一定的“加速度”。企业授予员工股权激励，不光是给予了他管理企业的权利，同样授命于他的还有管理企业的责任和义务。

企业的“走向”能够直接体现出企业决策者对股权激励的认知程度，换言之，企业家对股权激励计划有多“用心”，企业的发展就有多“上心”。如果企业决策者是企业中的师长，那企业人才就是决策者一手培养起来的学生。在学生成长的过程里仅有师长的传道授业解惑还不够，还需要来自于社会环境、竞争市场、行业对手等因素产出的实践与真知。“初长成”的企业人才，如果不去尝试管理企业而一如既往地在常态下工作，就不会发挥出股权激励的成效。所以，企业决策者给予员工财力上的支持是不够的，还要给予其一定的管理责任，这样，员工凭借股权激励来接管公司一定的管理职能，才能更有效地激发其主观能动性与工作积极性。

不同的人才因被授予的股权激励力度不同，其所分得的管理职能也就有层次、级别之分。从企业家找到合伙人一起招兵买马创办公司的那天起，企业里“持股”掌权的人就自然分成了不同的等级：决策者、股东、高管、核心技术人才、普通员工等。在企业的大家庭中，决策者是父亲，要养家糊口；股东是母亲，要操持家务监护子女；高管是兄长，自己成长更要照顾弟弟妹妹的成长。有“家长”切身体会的企业家都清楚，“孩子”长大了，翅膀也就硬了，他们期待飞出去寻找不一样的天空去翱翔，家长若不想孩子离家而去，就需要采用手段留住他们。其实，天空都是同一片天空，只是飞行的高度和空间维度不同而已。此时，企业家给予人才适度的激励政策便是留住人才的办法之一。

股权激励不同于普通的薪酬激励，它本身的长期性增强了员工对企业的忠诚度和稳定情绪，同时，员工以超能业绩回报企业和扩大自己的“能力范畴”。

草木的每一次生长都需要有“破土”的力量和勇气，企业每一阶段的发展都有其不可忽视的需求与满足；草木从种子到发芽要承受来自于土壤和空气的“阻力”，企业从创业到成长也需要承载竞争机制中“胜者王败者寇”的规律；草木的生长要汲取土壤中的养分，企业的发展同样需要吸纳人才为企业创造的业绩。此时，我们不禁要问，企业家，你准备好实施股权激励计划了吗？

2. 管理型：大力开发市场

股权激励有其不可忽视的“杠杆效用”，发挥杠杆的最大优势，规避和降低杠杆力量的另一端危险系数，是企业通过成长期，进入有效管理期时的重要工作内容。管理一个企业，远比管理一个家庭困难许多。要想衡量好股权激励的杠杆作用，就一定要梳理清晰股权激励与员工权责之间的关系，有效的沟通可以避免很多未知的障碍，也可以进一步巩固员工的持股权利与义务。

比如，公司要定期召开股东大会，将遇到的问题及可能遇到的问题提到会议上共同研讨，让行权者充分担起其所应该承担的责任与义务，大股东对企业的发展具有一定的知情权，他们有权力了解公司发展的各个环节，也必须对每一环节的管控和保障提供支持。行权，是身份，是荣誉，是责任，是义务。

随着企业发展步伐的加快，一定会存在一些已经很努力但却依然跟不上企业节发展奏的员工，此时，企业家该如何选择？放弃，放任，还是放权？

从技术层面讲，一些老员工的能力远不及接受过高等教育和专职技术培养的人才；从管理层面讲，老员工思想陈旧，而新员工的创新思维更适用于企业的发展。他们是企业的元老，对企业至今创造的业绩功不可没；

同时，他们也是企业发展遗留下来的问题。此时，适者可生存，不适者未必要淘汰。怎样做能让老员工不把持着“倚老卖老”的元老姿态，还能去糟粕取精华地继续发光发热?

不放弃，不放任，而且要适当地放权!

老员工的技术和管理或许不及企业引进的新兴人才，但他们对企业文化的认知和理解远超新员工，因此大可以将传承企业文化的这部分权利和义务交付给老员工，既避免了“多个萝卜一个坑”的尴尬，也消除了老员工“技不如人”的失落心理。焕发老员工的高效能力，重燃老将年轻时候才有的那部分工作热忱，使整个企业的发展进入正向循环的轨道上。

企业的初创期提倡“人治”，而企业的发展期则呼吁“管理”。经过了狼性的发展进攻期，企业已步入高效管理期。员工的职位越高，其实所需要付出的技能要求越低。“三人行必有我师焉”肯定了每一个人的价值存在，那些认为跟不上企业发展节拍的员工就要弃之的决策者是迂腐的，存在于人身心之中的优劣本就是相对而言的，若决策者贸然将之“绝对”化，那就是对企业发展不负责任的行为。

杠杆有风险，授予需谨慎!企业实施股权激励除了留住人才，还有提高经营业绩的意义。企业家切莫为了激励新员工而忽视了老员工的价值，因小失大的教训在很多失败案例中都有分析。但CEO拥有100%的持股行为也不科学，有效的激励可进行多渠道操作，并事先规定出相应的限制条件，以减少杠杆的单向作用。通过渠道的分摊，尽可能让风险化整为零。

通过草拟和实施限制性股权激励计划，公司层面自然地将激励对象划分为核心技术、营销、生产、工程、管理等骨干人员。以海天味业为例，2014年公司的一项股权激励方案对不包含董事和高级管理人员在内的93名激励对象授予17.61元/股共计658万股限制性股票，约占公司当时股本的0.44%。该方案一经落地实施，就高度调动起普通员工的工作积极性，对公司利益及业务的发展起到了强有力的推动作用。

股权激励不是上市企业的“专利”，自然也不是高管的“独食”，海天味业此次限制性股权的激励计划使公司营销人员成为最大受益者。拓宽激励范围和渠道模式，从企业内部人员架构上合理分摊，体现出了管理层对公司未来业务持续增长的信心，也奠定了未来业绩增长的底线。随着企业产品的不断扩张、产业结构上的升级、渠道的持续拓展，海天味业年收入同比增长或超15%。

2015年年底，运达科技发布公告推出股权激励计划，经董事会决议通过，同意对81名激励对象授予单价66.2元/股总计95万份有效期为三年的股票增值权。此项激励计划的实施提高了公司管理层人员的士气，助推了公司业绩增长。激励计划同时也设置了相应的行权条件，激励对象的行权条件需满足以下要求：（1）在第一个行权期内以公司2014年度会计数据为基数，2015年公司净利润增长率不低于15%，2015年公司营业收入增长率不低于18%；（2）在第二个行权期内以公司2014年度会计数据为基数，2016年公司净利润增长率不低于30%，2016年公司营业收入增长率不低于36%。

所谓渠道拓宽不仅仅体现在激励对象企业内范围的横向延伸，还体现在经营范围的纵向延伸方向。运达科技传统业务优势非常明朗，此次股权激励计划将积极探索创新新渠道，努力实现向数据服务系统供应商的转型。据悉，运达科技传统业务分为车载安全监控系统、轨道交通运营仿真培训系统、机车车辆整备与检修作业控制系统三部分，其中，车载安全监控市场占比约20%，仿真培训系统市场占有率极高，几乎形成了垄断的局面。作为唯一一家从事轨道交通运营仿真培训的上市公司，运达科技在此方面获得的高毛利率和高市场份额显而易见。而公司受外界关注的最大看点，是运达科技正在由传统的设备制造商向参与轨道交通的信息运营商转型。

在大数据时代的背景下，运达科技新推出的车载CMD系统与地面大数据信息中心的联动业务前景大好，初期就抢占了行业内至少三成以上的市场份额，预计几年内将实现公司新增收入5亿元以上。外延内生双轮驱动，传统领域与创新业务的协同发展是“双创”时代的核心任务。

3. 防御型：完善企业治理结构

企业不断发展，其内部的经营与治理结构也要随之进步，股权激励计划的实施“造就”了一大批员工的努力奋斗和自我成长，也涌现出了一批极具管理才能的管理者，这是股权激励计划实施的重要成果之一，但也同样有着不容忽视的威胁。

作为人才激励计划的成果，企业会将一部分管理职权交给培养起来的新型管理者。掌握职权的管理层人员与股东之间往往存在因为信息传达不对称而引发的不必要的矛盾冲突，管理层人员在追逐最大利益与确保职权稳定的同时，自发生成防御能力，这股“防御”恰与企业形成对立体，企业需增强和完善治理结构，增强企业本身的防御性能以保全企业控制的所有权。此时，企业推出并实施的股权激励计划性能应偏重于自我防御，即在激励员工的同时也要保护企业的自身利益免受侵权和威胁。

防御型股权激励的核心体现在：让员工充分认识到自己在为“自己”打工，从而放松一切戒备心理，特别是对企业的“不放心”。只有员工的认知上升到这个层面，企业才能顺利拉起自我防线，腾出精力跟外部竞争市场相抗衡。

股权激励作为激励对象获得企业给予的一定经济权利，并以所有者的身份参与到企业的运营和管理中的行为，目前已成为上市、非上市以及初创期、发展期、成熟期等不同时期的众多企业发展必选项。股权激励计划的实施以期最大限度地发挥激励对象的自主创造力，让其竭尽全力去为企业发展创造业绩。实施过或正在实施股权激励计划的企业更吸引人才的关注和投资者的青睐，能够接受股权激励的行权者都是企业人才梯队的中坚力量，正常情况下，企业的行权对象越多，人才比例应该就越大，更多优秀的人才组建的团队或企业会让投资者更加有信心注资。因此，也有分析人士认为，股权激励计划是一个专门塑造优秀人才的“智能机器”，它能够将一名普通的工作者塑造成为优秀的管理者或技术人才，理所当然地将“打工者”的价值观上升到“主人翁”意识上，使员工无须自己出资创业就可以享受到企业成功的果实，让利益共享，风险同担。心理学上有一句特别慰藉人心的话——一份快乐五个人同享就等于有了五份快乐；一份痛苦五个人分担，每个人只需承受五分之一的不愉快就OK了。股权激励也有同样的“疗效”。

随着中国经济体的迅速扩大，中国的资本市场层级也会越来越明显，大众创业与万众创新的驱动会将更多的企业推进到不同层级的资本市场中，自然就会有越来越多的企业引进股权激励这个行之有效的激励手段。那么，引进的股权激励计划该如何与现有的公司治理结构有效结合、紧密联系在一起，就成了企业家们需要深思熟虑的问题了。

公司的治理结构是指由公司的所有者、董事会、高级经理三者组成的一种组织结构。现代企业的制度与传统企业制度最大的不同之处在于“所有权与经营权的分离”。这就需要有一种能够有效制约所有者与经营者两者关系的机制，来对企业进行日常管理和控制。简单来说，公司的治理结构就是处理好企业各种契约关系的一种制度。也就是说，只有公司的治理结构完善了，公司实施的股权激励计划才更有实效。

通过股权激励迫使公司迅速上市以赚取丰厚创业利润的急功近利之法

是有的，但绝不可能成为企业长期发展的有效途径。股权激励是一种价值型投资，企业家注入的除了财富激励，更多的是长期稳定的保障。“坐吃等死”的员工不会成为公司的顶梁柱，同样的，那些拿到好处或受到重用的人才，若是习惯性拿企业的股权激励当作跳槽的踏板，那这类人才也终将成为竞争时代的牺牲品。

成功的股权激励计划的运作过程就是企业价值再造的过程，能够在这个过程中乘风破浪走下来的企业，无论上市与否，都将获得实际的财富增长。但必须保证的前提是，企业的经营业绩足够稳定和持续增长。这样一来，制度的设计就是员工直接“见证”自己财富增长的“放大镜”——财富增长越快，激励对象的积极性越高涨，相应的，员工的工作积极性越大，所创造的业绩越可观。

还记得很多年前有关“中国老太太与美国老太太”的典故吗？故事里说，中国的老太太勤俭节约一辈子，终于攒够了钱换一套大房子，但她搬进新房没多久就老死了，一辈子的辛苦只换来了短暂的享福。而同样的故事在美国老太太的身上却得到了不一样的演绎。美国老太太用信誉向金融机构贷款，买下房子并住下，接着就是工作、赚钱、还房贷，当房贷还清了，人也老去了，但美国老太太却用银行的钱提前进入到“享福”阶段，之后的按揭也并未影响正常的生活质量。

其实，企业采取的股权激励计划也是在用“明天的钱”来激励今天努力为企业创造业绩的员工。细想想，哪一套股权激励方案中不是规定了行权日和行权期限？哪一个方案不是在两年以后才开始享有利润分成？而这些利润从何而来？不也是员工今天的努力创造出来的明天的财富吗？现实的股权激励环境中的确也有很多老板心存顾虑，担心所要实施的股权激励计划是在将自己的股份无偿奉献给员工，心里难免有些舍不得。但，越是小心翼翼、畏首畏尾的担忧，越会阻碍企业的狼性发展。

听过这样一个故事，一个人因为意外而影响了赶火车的时间，用数字来说明就是，火车还有50分钟发车，但是这个乘客从现在的地点到火车站最快的车程至少也得60分钟。但50分钟过后，这名乘客却顺利地坐上了回程的火车，而不是在检票口徘徊沮丧，更不是狂奔在赶往火车站的路上。被问及其中的奥秘，这名乘客欣然相告，他用股权激励的模式激励出租车司机，他对司机承诺，如果能在30分钟的时间内不违反交通法规跑出40分钟的距离，他就兑现给司机200元现金酬劳。结果，出租车司机赶在火车发车前将乘客送达火车站，乘客赶上了火车，司机得到了奖金，得到了双赢的结果。

可见，在规则允许的情况下，可操作的股权激励模式是伟大而有效的，但一定要符合规则才行。也就是说，企业在实施股权激励计划时，必须妥善治理好公司结构，保护他人的利益不受威胁，他人才会成为企业的安全保护，企业股权激励计划的实施，才是科学有效、有保障的激励行为。

4. 公众型：释放股份进行融资

挂牌上市是很多企业发展的核心目标，虽然上市不是所有企业的“归宿”，但企业家对上市的热情却始终不曾消减。毕竟，企业上市后的优点还是颇多的，如上市后可进行融资来扩大企业的经营规模；上市后会得到意想不到的“资金”，以增加股东资产流动性；企业上市还可以促进管理水平的提高与升华；企业的上市等于打了一则永久性的免费广告，公众企业的品牌知名度可不是一般企业能比得上的；另外，企业一经上市可大力降低人力成本，从而提高员工薪酬，股权的激励计划又成为企业吸引和留住人才的筹码；上市企业更便于收购与合并，上市公司融资后，可以利用成本优势并购潜在的竞争者……企业上市的优点远远不止这些，因此，更多的企业发展的目标即是上市。

企业上市后，会在股票市场进行公开的公众股交易，通过释放一部分公众股以获得合法的融资渠道。

表9-1：公众股的分类

类别	含义
公司职工股	股份公司职工在本公司公开向社会发行股票时按发行价格所认购的股份。
社会公众股	股份公司采用募集设立方式设立时向社会公众（非公司内部职工）募集的股份。

表9-2：公众持股的优缺点

类别	内容
优点	1. 便于筹措新的资本； 2. 使现有股东获得流动性和投资的多元化； 3. 创造可转让票据； 4. 增强公司股权资本融资的灵活性； 5. 改善公司形象。
缺点	1. 财务公开要求； 2. 对股东负责和市场压力导致的短期经营行为； 3. 支付股利的压力； 4. 所有权收益的稀释； 5. 转为公众持股的费用，通常要占到发行总额的6%~13%。 6. 频繁的内、外部评估压力。

如上表所示，公众股可分为公司职工持股与社会公众持股两大类，任何一类都是将企业的一部分股权进行出让来换取资金的融入过程，称为股权融资。股权融资的渠道分为公开市场发售和私募发售两类。公开市场发售就是通过股票市场向公众投资者发行企业的股票来募集资金，包括我们常说的企业的上市、上市企业的增发和配股都是利用公开市场进行股权融资的具体形式。所谓私募发售，是指企业自行寻找特定的投资人，吸引其通过增资入股企业的融资方式。股权融资首先必须保证股东个人愿意将所持有的部分公司股票所有权让出来，供企业作为公众股进行交易，企业会通过这种增资的方式再引进新的股东来融资，使公司的总股本持续增加，股东的利益持续增长。企业融进来的资金是不需要支付本息的，而且新股东与原始股东同样可享受企业的盈利分红。

2014年9月16日，国务院总理李克强在主持召开“推进新型城镇化建设试点工作座谈会”上曾指出，允许地方通过股权融资、项目融资、特许经营等方式吸引社会资本投入，拓宽融资渠道，提高城市基础设施承载能力。李克强表示，新型城镇化是一个综合载体，不仅可以破解城乡二元结构、促进农业现代化、提高农民生产和收入水平，而且有助于扩大消费、拉动投资、催生新兴产业，释放更大的内需潜力，顶住下行压力，为中国经济平稳增长和持续发展增动能。李克强要求各地方要科学规划，创新保障房投融资机制和土地使用政策，更多吸引社会资金，加强公共配套设施建设，促进约1亿人居住的各类棚户区和城中村加快改造。

国家政府层面已经对股权融资冠以“提倡”的名号，中小企业及上市公司是不是也要抓住政策的大好时机，进行大刀阔斧的发展呢?

此时，“如何选择企业筹集股权资本的时机”困扰了一些企业家，另外，那些业绩好、现金流富足的企业家会认为：他们的企业资金充裕，金融机构主动奉献“橄榄枝”，愿意为企业贷款，根本不需要借助股权融资获得资金上的援助。但是，企业家们必须要考虑，抓住市场机遇保障公司的稳健发展，与维系原始股东对公司的控制权，二者孰重孰轻?

这里，有的企业家可能会误解了，以为原始股东拿出一部分股本用于企业在公开市场上的交易，对原始股东来说是一种利益上的损失。但是，他们没有想到，股权本就是一项投桃李报的计划。老股东拿出的一部分股权会带给企业总股本基数的迅速膨胀，到那时，原始股东手中的股本数量虽少，但基数增大，原始股东拿到的利润甚至会更多。

举个简单的例子，S公司大股东W先生原拥有的公司股权约占公司总股本的20%，当时的市值约2000万元，企业上市之后，S公司从W先生所持有的股权中“回购”了10%，连同其他股权一同放到股票市场上去交易和融资。这时候，W先生拥有公司总股本的18%，市值约1800万元。S公司经过市场一轮又一轮的洗牌，在正确的经营方针保障之下始终立于竞争的不败之地，目前公司总市值约12000万元，W先生占有公司18%股份，即此时的财富值应该为2160余万元，与之前持有20%股份时相比甚至还多出了160万元的“红利”。所以说，企业原始股东的“慷慨奉献”并不是原则上的舍弃，有舍才有得的道理，相信企业家们是有真实体会的。

公司生存与持续性发展的根源是现金流，经营现金流就是经营企业生存的命脉。我国民营企业在固定资产投资立项与实施决策方面的效率很高，这与负责项目审批机构的低效形成了鲜明的对比，两者的差异彻底打乱了民营企业从商业银行那里“贷款”的流程和秩序。如果贷到的款项不幸是那种用于固定资产投资的“短贷长用”资金，对企业及企业家而言可是沉痛的一击。此时，出现在企业家面前的股权融资就显得特别适时，它可无条件做企业长期所用的资本，即便原始股东退出游戏，也不会影响企业整体的财富变化。原始股东走了，还有新股东及广大的股民朋友在！

5. 持续型：放权让利求稳定

“让利”一词多出现于企业或商家的优惠促销行为中，以减少产品销售利润为代价换来消费者购买产品使企业获利的行为即为让利。“放权”一词可以从两个角度去分析，政治角度的放权就是放任自由主义经济；企业角度的放权则是由企业经理人全权管理。企业的放权让利可以理解为，将企业一定的自主经营权交给企业自己，同时让出一部分利润给企业自主使用。通常所说的放权让利主要针对于国企，这是因为过去的国企“政企”不分，国企的管理全部由上级指派，所获得的收益也全部归国家所有，国企自身无所得而言，因此导致生产效率极为低下。采取放权让利之后，在企业与国家共享产权的前提下，企业获得了较为完善的激励机制，从而提高了生产效率。

其实，对于民营非上市企业及上市企业来说，他们的生命周期中也必然会经历“放权+让利”的阶段。即企业将对某种事物的绝对控制权和所有权的主体进行分离，把集中的所有权分到几个或多个主体所有。中国的经济学中有一个概念叫作“权力经济学”，是说经济增长相对平缓或不增长时期，大多为企业决策者权力比较集中的时期；而企业经济增长速度较快或翻倍增长的时期，往往是权力相对自由和放任的时期。可见，经济增长与放权让利之间有着必然的正向联系。

适当地分权让利，可以有效地将风险分摊出去，增强企业的稳定发展。

2015年8月，山东省为吸引海内外股权投资资本和优秀管理团队的入资，开始实施让利+风险分担的政策，引导PPP（公私合作模式，是公共基础设施中的一种项目融资模式，鼓励私营企业、民营资本与政府进行合作，参与公共基础设施的建设）发展基金投向，实现政府与市场互惠、双赢。

2015年11月，浙江省杭州市余杭区为规范让利性股权投资引导基金的运作与管理，特出台了“三明确”——《让利性股权投资引导基金实施细则（成长类企业）》对相关操作规程作出三点明确，推进让利性股权投资引导基金发展。“三明确”为明确投资对象、明确操作流程和明确评审标准，使“让理性股权投资”在该地区的作用更为明显。

放权让利在20世纪七八十年代的改革开放时期就已经处于孕育中了，在那个特定的历史时期，国有企业改革赋予了企业更多的自主权，正式拉开了政企分开的进程，并将改善企业内部管理机制提上日程。但国企的“放权让利”初始期并未取得良好的成效，甚至没能改变旧体制的基本格局，企业还是政府行政部门的附属物而不是独立的经济实体，政府在国有企业亏损时依旧追加投资，一些赋予企业的权力也没有落实。

在1992～2002年的十年间，国企的“放权让利”进入全新的创新时期，中共中央通过了《中共中央关于建立社会主义市场经济体制若干问题的决定》，文件明确界定了现代企业制度的内涵；1994年11月，全国建立现代企业制度试点工作会议上提出，要全面理解现代企业制度的含义；随后，国务院又分别提出“三改一加强”“抓大放小”的政策，确保了现代企业制度的成功建立。此时国企的“放权让利”改革的主要特点与十几年前相比发生了跳跃式的变化。首先，不断加大国有企业脱离政府的力度；其次，对现代企业制度的理解加深；最后，对国有企业开始分类分批指导。

2002～2015年，为国企“放权让利”改革的第三阶段，这一阶段全面推进了大中型国有企业公司制股份改革；进一步完善了国有资产管理和监督体制；重点推进了垄断行业改革。

自2016年开始至2020年止，为我国企业“分权让利”的分类改革阶段。2015年9月13日，中共中央、国务院颁布《中共中央、国务院关于深化国有企业改革的指导意见》，意见指出了分权让利的新特性：其一，提出了将国有企业分为商业类和公益类，分类监管，其中商业性体现在市场中的商业运作能够放大企业经营活力和市场运行能力，实现国有资产保值增值；公益性则体现在民生、公共服务和公共产品的提供；其二，实现了国有企业股权多元化；其三，不为混合所有制改革设时间表，要稳妥地推进混合所有制经济，不能因为混合而混合，确保混合发展的目的是增强国有资本放大功能，引进非公资本优势互补，保值增值，增强活力；其四，在国有资产的监管和运行方式上发生了重大变化；其五，实现了加强党的领导和完善公司治理相统一。

“放权让利”式的股权激励，侧重点在于放开经营与管理权，让利于企业的业绩和利润额，放权是手段，让利是结果，目的就是求得企业过渡时期的平稳性与饱和性。企业股权激励的“放权”给予管理者相应的管理权，“让利”则赋予普通行权者一定的财富值增长空间，这充分调动起管理人员与核心技术人才的工作积极性，同时也稳定了行权者对企业的忠诚度。人稳了，企业的发展就不会偏离预设的轨迹。

总之，“放权让利”式股权激励提倡的是企业全员民主，提倡企业、股东、管理与技术人才、普通企业员工的共同富裕，此乃股权激励效果之精髓。

第十章

安全防范：股权激励的风险预估

1. 把握住控制权

学术界在股权激励的“双刃性”基础上，又对其提出了两种观点：“最优契约论”和“管理者权利论”。二者都建立在股权分散的单一委托代理关系基础上，也就是企业管理权和所有权的独立分权问题上。

持“最优契约论”观点的人认为，股权激励可以解决管理层与股东之间的代理问题；持“管理者权利论”观点者则认定，股权激励是代理成本的一部分。在我国的上市企业中普遍存在公司股权结构高度集中的现象，这种情况使得持有控制权的股东不得不“分身”扮演两种角色：监督管理层的监督角色，以及运用手中的控制权“侵犯”中小股东利益的侵占角色。股权激励作为企业治理结构的一项政策，必须要发挥出其激励作用和约束作用。

股权激励计划一经实施，势必会对大股东的控制权造成制约和影响，若大股东此时的身份为“监督者”，那么管理层所受到的激励越强，对大股东的决策的准确性越会存有质疑。因为管理层获得激励的标的就是为企业创造利润，若大股东的决策影响了企业利润的创收也就间接地威胁到管理层的激励力度。当行权者与股东之间意见相悖时，大股东的控制权就会与管理层的管权激励发生冲突。如果大股东扮演的是“侵占者”的角色，那么大股东的利益本身就是与股权激励相抗衡的，势必会降低股权激励的效果。因此，大股东与企业、与企业实施的股权激励计划，三者之间的关系错综复杂，很难交融但又不得不需要交融。

2010年的“国美权与利之争”曾一度震撼了整个中国。提到国美，一定免不了谈及两个人，黄光裕和陈晓。

童年时期饱受贫穷之苦的黄光裕，16岁起开始带着兄弟姐妹一起闯天下，不仅创立了国美电器，还通过收购、合并等方式成功进行资本运作，于2004年让国美在交易所成功上市，而黄光裕本人的身价也是一路飙升，2004、2005、2008年三度问鼎胡润百富榜之中国大陆首富，2006年更是登上福布斯中国富豪榜第一的宝座。然而，黄光裕的光环与灰暗是并存的，2008年，黄光裕因“经济问题”不得不接受铁窗生活。2010年5月18日，黄光裕案在北京市第二中级法院一审判决，法院认定黄光裕犯非法经营罪、内幕交易罪、单位行贿罪，三罪并罚，决定执行有期徒刑14年，罚金6亿元，没收财产2亿元。也有人指出，黄光裕虽然卸下了国美董事长之职，也放下了“国美主席”的身份，但他始终在极大程度上调控、操纵着他庞大的商业王国的正常运转。

陈晓也是20世纪80年代开始涉足电器行业的，并于1996年创立了上海永乐家电，2006年7月，国美在香港宣布并购永乐，此时，陈晓的新身份为国美总裁。黄光裕入狱后，曾在2010年“遥控”董事会要求解除陈晓总裁之职，理由是他执掌国美期间管理不当，造成了集团及股东利益的重大损失。但这样的“指控”直到2011年才尘埃落定，随着陈晓辞去国美的职务，张大中临危受命接管国美出任董事局主席一职。

那么，黄光裕与陈晓之间的矛盾激化到底是怎样造成的？

首先，黄光裕2008年被羁押之后，他曾通过律师多次给国美董事会和管理层发出指令，强调他个人在国美的地位，希望将个人的作用与国美的生存发展相捆绑，要求国美采取有利他个人和减轻其罪责判罚的措施。不过，方案没有被接纳。其次，2009年7月，国美推出对全国总监级以上105名核心骨干的期权激励方案，黄光裕得知期权激励方案后，再次表现出了对董事会的不满，并要求董事会采取措施，取消期权激励，但他的意见又一次没有被采纳。再次，2010年5月11日，在国美电器的股东周年大会上，黄光裕在12项决议中连续投了五项否决票，包括委任贝恩投资董事总经理竺稼等三人为非执行董事的议案，但遭到了国美董事会的否决。黄光裕与国美董事会及管理层的矛盾公开化。

世人不禁要问，堂堂中国首富黄光裕，就连在狱中都是叱咤风云的人物，为何与国美的小股东（黄光裕妻子持有国美超过35%股权，陈晓则不足5%）、职业经理人陈晓过不去，屡屡相争？国美的权与利之争在世界商业史上都是极具典型色彩的案例，它所反映出来的正是管理层与大股东之间的利益和权利的博弈。

企业的很多职能是需要依附于市场规则的，如在香港上市的国美就需要遵循香港资本市场的相关法律法规——责任与权利对等原则。对于上市企业而言，有股权即有权利，持有的股权越多或支持其股东越多，其发言权就越大，这就是资本市场“权与利”的潜规则。我们抛开黄光裕与陈晓的个人恩怨，单从大股东的控制权与管理层的管理权方面分析，他们都需要凭借手中的“股权”来说事儿，所以，陈晓不断推出股权激励计划来扩充自己的“军团”势力，而黄光裕家族不可能将手里的控制权拱手相让，所以不得不借助“股东们的发言权”对陈晓及其军团进行“打压”，甚至清出“游戏战场”。

国美事件的双方其实都采用了一种手段进行“维权”，即努力游说股东，争取到更多有话语权的声音支持自己、打压对方。用最大的诚意去游说股东以获得更大的支持，这是他们光明正大的利益诉求。二者在股东面前都表示绝对地对股东负责，于是将问题选择权交到股东手里，让股东去选择谁来做他们的“领路人”，让市场机制去选择哪一方才最为理性。

以陈晓为代表的职业经理人在获得股权激励的过程中，一定要认清自己的角色和责任，企业及股东任命经理人员是希望对公司的管理和创收方面起到良性的作用，管理者一旦开始“窥探”控制权，就不仅是“自残”，甚至对大股东和小股民们的利益都会造成伤害。

以国美为代表的家族企业，伴随着企业的发展和进步，进行股权激励是程序所需，但在激励过程中，特别是对管理层的权责任命上一定要科学权衡，任何时候都不能将手里的控制权拱手相让。国美事件只是一个缩影，偌大的中国乃至全球商业界存在同类问题但还没有暴露的大有人在，“以现代公司治理机制取代家族制”的观点对家族企业创始人来说，将是致命的冲击。

企业的创始人角色如何科学定义？随着家族企业的发展，创始人团队与管理层团队之间的关系会越来越复杂，无论当初的“结盟”有多么的单纯，但事实证明，这其中的过程有太多的变数，在利益的驱动下，一切不可能都将变成“可能”。

当然，“国美事件”并不只是会在家族企业中发生，合伙人企业如果没有一套健康的公司制度，特别是在股权激励计划实施之后，就会存在更大的隐患，职业经理人、公司创始人、投资者之间的矛盾绝对有“一招毙命”的破坏力。因此，企业若选择了实施股权激励计划，核心的控制权一定不能丢。

2.绩效考核保持公平性

在所有股权激励计划的实施过程中，绩效考核制度是核心中的关键，激励对象心中那些“公正”的定义往往来自于相对公平的绩效考核机制。对于企业来说，科学完善的业绩评价标准是带动员工生产力提升的保障和目标，也是创收之后的利润分配上一个均衡性较强的政策，顺应企业长期可持续发展的战略规划。

为了促使企业长期的可持续发展，2005年，格力集团开始实施股权激励计划，股源为集团持股中所分流出来的2639万股股份。股权激励方案中明确标注：2005、2006、2007年度中的任一年度，若公司经审计的净利润达到承诺的当年应实现的数值（以上三年对应的净利润数分别为50493.6万元、55542.96万元、61097.26万元），在当年年度报告公告后10个交易日内，格力集团将按当年年底经审计的每股净资产值作为出售价格，向公司管理层出售713万股的股份（若上市公司派送股票红利、资本公积金转增股本或全体股东同比例缩比，以上数量将按比例调整）。若以上三个年度均达到承诺的净利润水平，则向公司管理层出售的股份总数为2139万股，剩余500万股的激励方案由董事会另行制订。

在激励作用之下，行权对象以公司业绩目标为主向，最大限度地发挥其生产效率，实现了超额业绩的完成。2005年公司净利润为50961.64万元，2006年为62815.91万元，2007年为126975.79万元，分别超出计划的

0.9%、13.1%和107.836%，控股股东格力集团也分别在2006年7月、2007年12月和2009年2月履行了事前规定的承诺。

表10-1：格力电器2005～2007年度激励股权方案实施情况一览表

实施时间	被实施方案	激励股份数量	激励对象
2006年7月4日	《2005年度激励股权实施方案》	713万股	公司高管人员、中层干部、业务骨干及该公司控股子公司高管人员，总共94人。
2007年12月25日	《2006年度激励股权实施方案》	1069.5万股	公司高管人员、中层干部、业务骨干及该公司控股子公司高管人员，总共609人。
2009年2月3日	《2007年度激励股权实施方案》	1604.25万股	公司高管人员、中层干部、业务骨干及该公司控股子公司高管人员，总共1059人。

表10-2：2005～2007年度三大电器公司股权激励计划的考核指标对比

考核指标		2006年	2007年	2008年
净资产收益率	格力电器	20.18%	22.56%	26.79%
	青岛海尔	5.43%	10.2%	11.34%
	美的电器	14.51%	26.64%	21.72%
主营业务利润率	格力电器	2.639%	3.3407%	4.6786%
	青岛海尔	1.5997%	2.1841%	2.5262%
	美的电器	2.5099%	3.5844%	2.2797%
总资产周转率	格力电器	1.6602%	1.8299%	1.4981%
	青岛海尔	2.5728%	2.997%	2.5968%
	美的电器	1.8265%	2.2371%	2.2262%

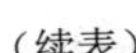
（续表）

考核指标		2006年	2007年	2008年
权益乘数	格力电器	1/（1－0.8）	1/（1－0.77）	1/（1－0.75）
	青岛海尔	1/（1－0.25）	1/（1－0.37）	1/（1－0.37）
	美的电器	1/（1－0.64）	1/（1－0.67）	1/（1－0.69）

如表10–2所示，在纵向的前两项考核指标中，格力电器连续三年平稳增长，尽管遭受了2008年的经济危机，公司总资产周转率有所下降，但主营业务的利润率却大幅上升（同比上升40%之多，而海尔此项指标同比才上升15.7%，国美甚至未增反降，同比下降了36.4%），说明格力电器的盈利能力增强，核心竞争力上升。

图表中的数据综合说明，与企业股权激励方案相配套的绩效考核机制不能仅以净利润的指标作为绩效考核标的，那样会存在“业绩操纵”的威胁，应同时设计多项指标考核标准，如净资产收益率、主营业务利润率、总资产周转率等。格力电器实施股权激励期间，在净利润增长的同时，其赢利能力、营运能力都得到提高，这符合公司长期可持续发展的要求，也不存在管理层操纵利润的嫌疑。

以格力电器所实施的股权激励配套的绩效考核标准为例可知，约束股权激励计划绩效考核机制的相关选项的设计及参数的设定将直接影响到股权激励的效果，所以，在制定绩效考核机制的过程中，要以企业长期可持续发展为条件，以充分发挥激励对象主观能动性为标准，以实现绩效考核的最佳效果为目的，并满足“公平、公正、客观、准确、全面”这“十字标准”。

在绩效考核机制的业绩目标设计上，建议不要设置过细。股权激励是企业长期的激励计划，也是用明天的钱来激励今天的对象，如果将业绩目标设置过细，在即将发生的一些变数当中就等于给自己设置多个障碍和陷阱，不仅会影响股权激励的效果，对绩效考核的评估也将失去其核心作用。

作为股权激励计划中的“配套设施”，绩效考核的设计标准要尽可能寻求激励与约束之间的平衡点。可完全的平衡和绝对的公正是很难实现或者根本就不存在的，那么企业的绩效考核平衡点该如何去寻找和定位呢？格力电器的激励逻辑表现为：业绩达到既定标准就授予激励对象一定数量的限售股，激励对象必须通过努力工作来实现公司的业绩上升从而带动公司股价的上涨，此时，激励对象手里的限售股也挺过了限制期而被解禁，激励对象成为真正意义上的公司行权者，行权者通过对所授予的股权进行交易或股价上涨带来的利润分红而获利。逻辑中的看点体现在，激励对象被授予的股权的限制期可视为公司的“安全期”，因此时激励对象的收益完全取决于公司股价的高低，因此也就将激励对象的个人利益与企业发展的利益合并在一起，“安全期”越长，员工与企业利益捆绑的时间就越久，也就越有利于公司的长期稳定发展。如果“安全期”设定得较短，极有可能引发行权者短期快速获利的恶性行为，但“安全期”过长的话又会影响激励对象的期望值，也会降低股权激励的效果。

当下的市场竞争可视为企业人力资本的竞争，拥有人才越多的企业更具备竞争优势。股权激励方案“留住企业核心技术人才”的意义同保持公司长期可持续发展、完善公司激励机制的作用同样重要。“得人才者得天下”的座右铭深刻地烙印在企业文化中。所以绩效考核机制的设计一定要考虑激励对象的自我满足心理，目标设定得过高则难以实现，业绩目标设计得过低又难以发挥激励效用。对绩效做出考核的相关管理者的主观性往往也会被认定是“不公允”因素的存在，有关绩效考核机制的参数和考评的公允性，看来是企业着实要重点考量的了。

3. 平衡股东之间的关系

股东利益的最大化一直以来都是企业财务管理的目标，也是企业各种经营性活动的核心目的，股权激励的本质是实现公司利润的增加，言外之意，也就是维护股东的利益。但很多企业在实施了股权激励计划之后却威胁到了股东的利益，就像前面章节中我们所谈及的“国美权与利之争”事件，就是典型的股权激励计划威胁到了股东利益的案例。

从经济学上分析，股权激励计划的实施解决了公司所有权与管理权的合理分工，实现了股东、行权对象与企业三者之间利益三赢。这自然是股权激励的最美好设想，要实现这样的期望值，就必须做到企业实施的股权激励计划能够有效平衡股东之间的利益关系。

因为用于股权激励中绝大多数的股源均来自股东的出让，所以，一旦让股东认为股权激励的实施会威胁其切身利益，那么在法律保护下股东是有权不出让手中的股权的，那么股权激励也就无从谈起。我国的股票市场一直有弱式有效性、公司治理结构不健全等问题，导致我国的股权激励计划同上市企业的业绩之间关联性较差，一方面遏制了股权激励最优效果的产出，一方面也难以平衡股东之间的利益关系。

2006年，伊利集团开始实施股权激励计划，该计划有两大明显特性，其一，股改后第二天即开始实施股权激励计划，方案出台的时间不正确；其二，股权激励的力度过大，严重威胁到股东之间的利益关系。

我国有关规定表明，用于股权激励的股权份额不得高于公司总股本的10%，首次实施股权激励计划的公司更应该将股权激励力度控制在公司股票总数的1%以下，但伊利公司此次股权激励的力度分别为2.3%和9%，累计额度超过了公司总股本的12%，完全超过了原则所规定的控制指标。除此之外，公司股权激励对象所被授予的股权额度最大者占公司总股本的3%，直接突破了规定的上限，管理层持股总额甚至超越了公司第一大股东的持股总量。此次股权激励方案几乎与股改方案同时出台，虽然此举有效规避了股改所带来的高股价风险，但另一方面却无形中抬高了股权激励的行权价格。这样的大力度之笔的确在短期内对管理层取得了良好的激励效果，但严重威胁甚至损害了股东的利益。

除此之外，伊利公司的股权激励计划设定的考核指标过低，使股权激励完全演变成为高管层等行权者的超高福利，另一方面，方案所规定的激励年限仅为3～5年，与其他常规方案计划中的10年之久的年限设置相比过短，使原本的长期激励计划变成了企业的短期行为，在大大提高行权者利益空间的基础上，所付出的代价就是降低原始股东的利益，以致得不偿失。

那么，如何在企业实施股权激励计划的同时不损害原有股东的利益，使企业、股东和激励对象的关系更和谐呢？这就要求企业的股权激励计划及相关配套机制的设计要完善、科学、公平、公正，有一定的约束和管理办法相佐。

首先，针对股权激励对象的行权条件制定需合理化。要想激励行使管理权的行权对象又不损害拥有控制权的股东的利益，就必须始终确保控制权在股东的手里。股东并不参与公司的日常经营和管理，因此对公司的经营状况只能通过阶段性的数字进行片面了解。倘若激励对象一手管理，另一手控制，则等于把公司从股东的手里拱手让给了管理者。从激励方案的设计之初，股东作为公司物质资本的所有者就必须将人力资源发展的控制权掌握在自己手中，即公司的大型人事变动必须经由股东会决议和通过，包括股权激励对象的选择及行权条件的指定和监督。同时，股权激励计划的配套绩效考核机制，有关业绩指标的设置也要多元化，如偿债义务、发展目标责任、营销业绩的考核等，如此这般设计出来的股权激励方案才能够真正实现激励的作用，有利于行权前后的监管和维权。

其次，实施股权激励计划的企业，其薪酬委员会与考核委员会必须要有独立性，特别是在对公司的实际管理过程中，薪酬委员会必须发挥出应有的作用。比如，股权激励中的“分红”与管理层的薪酬不能同时、同等地考核和发放，以避免因管理层的某些失误行为造成企业整体大规模的影响，也能体现出股权激励的公正性。

最后，与股权激励计划同时运行的相关法律保障也需进一步加强和完善，从我国资本市场的发展方向看，健全股权激励的法律保障条款是大势所趋，对管理层出现违法行为时采取惩罚的机制需提高其有效成本。

4.职业经理人管控

在股权激励方案中，总会涉及职业经理人、职业经理人市场等概念。职业经理人其实就是职业化的企业经营管理专家，他们接受过专业化培养，由企业在职业经理人市场招聘而来，全面负责公司的经营管理工作。因其所任职的企业均为所有权、经营管理权和法人财产权分离的企业，故而职业经理人被任命后直接承担法人财产的保值增值责任。职业经理人通常为企业直接股权激励的对象，简单地说，企业需要为聘用的职业经理人支付可观的薪酬，外加公司期股。

一名称职的职业经理人应该具备五大职责：会设定目标、善于任务分派、懂得激励与沟通、习惯绩效评估以进行工作考核、具有伯乐之心并有意愿去培育包括自己在内的人才。

设定目标是万事之源，如同我们本书所研究的股权激励计划一样，无论是设计计划方案，还是实施计划，选择目标对象，首先要找到一个方向点，然后再朝这个方向去努力，最终达成目标。企业花高价（高薪酬+高绩效+股权激励）聘请来的职业经理人，是带着任务来的，最大的任务就是为企业创造更高的利润。这是企业股权激励的作用，更是职业经理人的目标。职业经理人“领”到任务后，要合理分派任务，化整为零。这就要求职业经理人能够捕捉到不同员工的特点，发挥其优势以便提高劳动生产效率。这是对企业的负责，更是对员工的负责。有调研表明，员工从事的工作越是得心应手，其工作积极性就越高，工作效率越大。在整个工作进程中，职业经理人还要自主承担起“黑脸”“白脸”的角色，一方面要鼓励和赞誉员工，另一方面要严格遵守绩效考核的规则。职业经理人还必须善于沟通，上下协调，在股东与员工之间，职业经理人更像是一个“中间媒介”。当员工对工作有所埋怨的时候，当企业对员工有更大期许的时候，职业经理人的作用就显现出来了，这也是考验企业选择职业经理人时“慧眼”是否明澈的时候。想想，如果职业经理人的“心思”不够纯良的话，不就等于“引狼入室”了吗?

当今市场竞争的核心是技术与人才的竞争，“有人”比“有钱”更好使。职业经理人要善于培养员工与自我培养。时代在进步，企业在发展，人才也只有不断地“更上一层楼”才能一直被称之为“人才”。对于企业，定好目标、对准方向、找对人才是重要的；对于员工，找对企业做对事情是重要的。为什么人才市场一直都是企业和求职者青睐之地？为什么企业求贤若渴却依然招不到合适人才，求职者频繁投递简历却始终寻不得伯乐？想必一方面是“好高骛远”在作祟，另一方面就是没有把握好手里的机遇。

企业对职业经理人的选择，并不是今天选对了以后一切就都可以全然放手不管了。我们一直强调“权与利”是必须分开又不能彻底分离的两种关系，企业的决策者与管理者就处于这种关系当中。特别是民营企业，老板与经理层的工作分工是公司得以正常运营的关键和核心，是企业治理结构的精华。民企中常常上演一些职业经理人与老板分道扬镳反目成仇的故事，很大部分都是权、责、利分工不明造成的结果。

但在很多企业看来，老板与职业经理人的分工并不算什么难题，直到实际操作起来遇到了瓶颈，才想着去解决，可为时已晚。

事实证明，企业各种权利的分配不能仅仅依照“产权”来划分，否则，职业经理人的存在就是个摆设，企业花高价请来的职业经理人没得到发挥才能的机会，最终受损失的还是企业和老板。或许有的企业家会说，合同上有明确的职权标注，绩效考核机制上有严格的约束，实际工作进展中有股东的监督，万事俱备下怎会有疏漏？可老板别忘了，制订游戏规则的未必是参与游戏的玩家，规矩是死的，但被“规矩”的人却是活的。企业不能全仗法律的保护，一旦发生意外事件就想着惩罚“不合格”的职业经理人，这不仅会对职业经理人造成伤害，也会严重束缚职业经理人的“正常发挥”，其才能多数都被企业的条条框框禁锢住得不到施展了。

所以，企业与职业经理人之间的权责必须分配得当，老板要处理好与职业经理人之间合作共勉的关系。比如，老板侧重于外部资源的获取，职业经理人致力于内部资源的整合；老板侧重于对外关系的协调，职业经理人致力于内部人情的调整；老板侧重于个人魅力统率三军，职业经理人致力于纪律严明制约员工；老板侧重于人才的发现与培养，职业经理人致力于制度的建设与执行；老板侧重于凭感性捕捉发展机会，职业经理人致力于依理性大胆参谋论证；老板侧重于果断决策指明战略方向，职业经理人致力于管理到位执行不偏不离；老板侧重于大原则大局了然在胸，职业经理人致力于细斟酌细节丝毫不放；老板侧重于鼓励创新，职业经理人致力于减少风险等。

其实，对于企业老板与职业经理人来说，最佳的“管控”就是激励与约束并重，最终实现双赢！

企业的经营如同构建一座建筑物，企业理念和治理机制是建筑的“地基”，权、责、利是构建“结构”的元素，无论是“砖混”还是“框架”，都需要企业家与职业经理人协同企业忠诚度高的员工一起塑造其价值。

职业经理人并不意味着“全能冠军”，企业要求职业经理人善于利用员工优势去寻求发展，企业对职业经理人的价值定位也应有所权衡，在特定的阶段给予职业经理人特定的使命，职业经理人也要认清楚自己的真正角色——是高级打工者而非老板的事业合作人。

处理好了老板与职业经理人之间的关系，企业对职业经理人也就不再需要特别的“管控”了。企业老板要为自己设计好一个超凡脱俗的心态，给职业经理人合理科学地配置权限、资源和施展才能的平台；老板要统筹企业经营发展的全局，不要面面俱到什么细节都去“操心”，既操劳了自己，也没能使职业经理人充分发挥自己的价值。在把握住控制权的前提下，老板要“用人不疑，疑人不用”。而职业经理人要想获得更多的权责利上的“自由”与合理支配，就要不断修炼，自我提升，只要价值一直在，机遇和酬劳就不会溜。

5. 拉起五道防线

士兵在战场上不能丢了盔甲和武器，考生在考场上不能没有答题的器具，医生在治病的过程中离不开诊器和药物，企业股权激励计划的顺利实施，同样不能忽略掉它的安全防线。我国企业实施股权激励计划的五道安全防线可总结为：三分之二“安全线”、51%“生存线”、三分之一“存在线”、20%“竞争线”和10%“存活线”。

股权激励的第一道安全防线是三分之二“安全线”，是指企业的创始人，也就是公司老板持有公司的原始股额在66.7%以上，其对公司的控制权就处于安全范围之内。相关的法律依据则体现为：根据公司法的相关规定和公司章程，公司的最高决策机构是股东（会），股东会的普通表决事项，多为二分之一以上多数表决权通过，而少数重大事项（如公司章程修改）还需要三分之二以上表决权通过。掌握了控股权，就能够控制股东（会）决策，进而控制公司。

有人说，阿里巴巴的大股权在日本，控制权在中国，但最有话语权的却是马云团队。可是你们知道吗？在阿里巴巴上市之后的统计中，马云和他的团队持股数额只有13%，充其量只是个小股东的角色，而软银和雅虎分别占有32.4%和16.3%的公司股权，这才是货真价实的大股东，马云这个“小股东”又怎能称之为“掌权者”呢？其实，马云的“权”不是股权，而是阿里巴巴的控制权。根据阿里巴巴的上市招股书所示：通过合伙人制度，合伙人团队可以提名阿里巴巴半数以上董事会成员。在股权分散、董事会主导的上市公司，控制了董事会，控制公司也就是顺理成章的事。软银把不低于阿里巴巴30%普通股的投票权委托给了马云与蔡崇信行使。通过董事会控制与股东会控制双保险，合伙人团队加强了对阿里巴巴的“控制”。如果创始团队无法控“股”，其实还可以通过投票权委托、一致行动人协议、有限合伙、AB股计划，甚至阿里巴巴的合伙人制度等方式来“控制”公司。马云的高明之处在于，他能在阿里巴巴跑马圈地打造电商平台、互联网金融与大数据等生态平台的过程中，在淘宝网与eBay的惨烈对决中，在创始团队向雅虎的赎身过程中……始终得到阿里巴巴的巨量资本的支持，而这些贡献的缔造者正是阿里巴巴的广大合伙团队们。马云选择了放手稀释手里的股权，“股散人聚”是马云成功的因素之一。在马云的价值观里，股权可以稀释，但控制权不可稀释。不控股，但并不影响他对阿里巴巴的控制。

与马云做法不同但结果相似的是百度掌舵者李彦宏。百度IPO后的数据显示，李彦宏持股22.4%，是公司最大的个人股东，牢牢将公司的股权和控制权掌握在自己手里，而且，为了防止股权的恶意稀释，也为了防止其他可能发生的恶意收购行为，李彦宏将百度的股份分为A类和B类两种，其中，B类的表决权是A类的10倍。理论上讲，只要李彦宏及其他创始人大股东持有公司超过11.3%的B类股，即可获得公司绝对的控制权，而实际上，李彦宏所持有的股权中至少99%为B类股。

股权激励计划的第二道安全防线是51%“生存线”，指公司创始人所拥有的公司股权数额低于51%时，即存在失去公司控制权的危险，当公司准备IPO或挂牌新三板前，创始人（或其团队）能控制的股权应该高于51%。

1号店创始人于刚在遇到经济危机时，为了使1号店顺利度过危机而不至于烟消云散，不得已让出了80%股权，自此彻底丧失了1号店的控制权；平安整合1号店也不顺利，无奈之下逐步将1号店的股权转让给沃尔玛，随后迎接于刚的就是多次“离职”传闻。往往“传闻”多了也就成了事实，于刚最终果然还是离开了1号店。无独有偶，真功夫的蔡达标和潘宇海的股权分配也充斥着太多的威胁：引进PE之前各自占股50%，引进PE之后各自占股47%，这则“史上最差股权分配比例”最终导致了家族反目成仇且一方入狱的悲剧。

股权激励的第三道安全防线为三分之一“存在线”，即谁掌握了公司超过33.33%的股权，谁就拥有一票否决权。雷士照明的创始人吴长江就在三分之一“存在线”上遭遇了一次惨痛的失败。2008年，吴长江还是雷士的“当家人”，为了增强技术能力及市场核心竞争力，他借助现金＋股票的方式收购了世通投资有限公司。但现金不足无法行使收购，只能先行融资。高盛与软银赛富联合向雷士照明投入4656万美元，其中高盛出资3656万美元、软银赛富出资1000万美元，融资后，吴长江的股权已经被稀释为29.33%，不仅丧失了对雷士的控制权，就连一票否决权也成了他日之事。这次股权稀释甚至还起到了“抛砖引玉”的作用，引发了后来的多次股权之争，每一次吴长江都是争端中的风口浪尖人物，甚至后来的锒铛入狱，也少不了当初引狼入室的“贡献”。

股权激励的第四道和第五道安全防线分别是20%“竞争线”、10%“存活线”，具体是指，拥有公司20%股权者可以界定同业竞争权利，拥有10%股权可以申请解散公司。

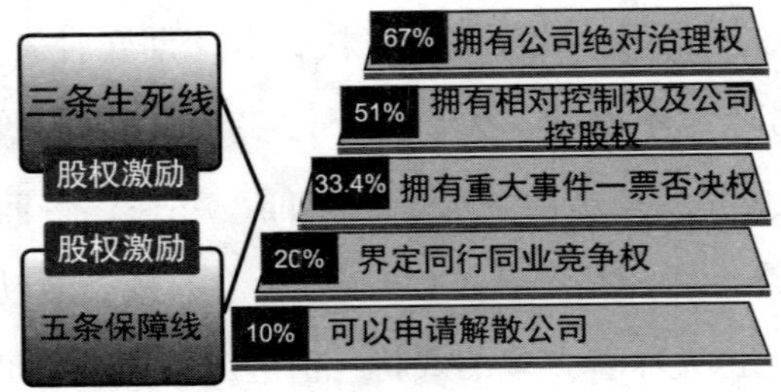

图10-1：股权激励的三条生死线与五条保障线

如图10-1所示，股权激励系统尤其不可逾越的生死线与保障线二者相互关联又彼此制约，在股权激励计划的实施过程中，真实有效的信息传达将是“生死线”的“守卫”，“保障线”的“前锋”。

股权是对公司终极控制的一项至高无上的权利，任何形式的激励都只是它的辅助功能，并始终为其服务。因此，无论什么时候发生什么事情，创业者都要保证把控制权牢牢把握在自己手里。股权激励也是有安全防线的，一定不能逾越防线做危险的事情。如果创业者在一开始就将公司的控制权拱手让出，企业再强大也会吃不消的。

后记

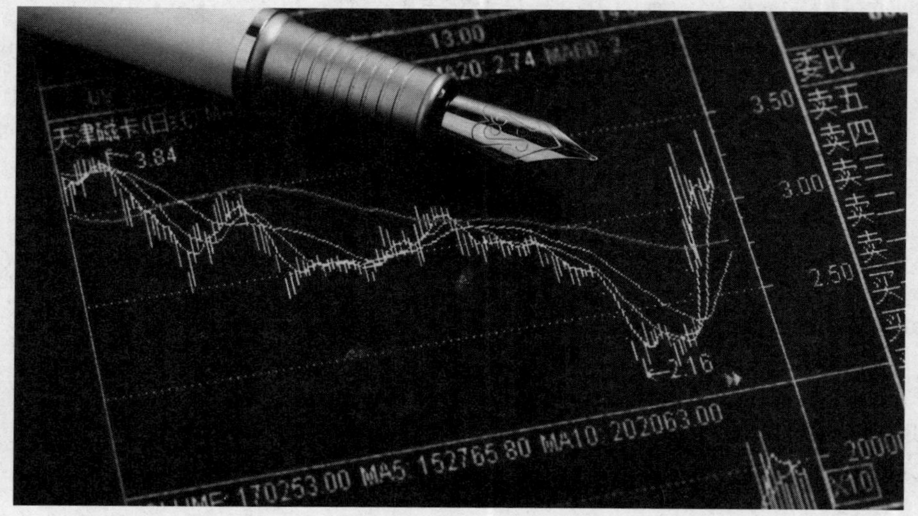

人们做的任何事情都有着必做的意义，股权激励也是一样的。对于非上市企业而言，股权激励计划实施的价值在于，它能够缓解公司不同时期所面对的不同状态下的薪酬压力。

与上市企业相比，非上市的企业多数为中小型初创企业，这类企业的典型特点是企业文化彰显出创业者个人主义的垄断性；企业经营资金薄弱，综合竞争力差；为了吸引和留住人才助力公司的发展，可能面对来自薪酬方面的巨大压力。于是，股权激励计划的实施就为中小企业的企业家们指明了前进的方向，从无数成功案例中还能汲取到股权激励计划实施中的各种精华，全世界的成功者演绎出的现实版“教科书”就摆在中小企业家面前，他们甚至没有不选用的理由。股权激励的实施，一直是在用明天的钱来做今天必须去做的事情，是最安全的一种“贷款”模式，还不需要支付利息。企业家作为“贷款”的供方，其收益远远高于激励对象的分红，只要股权激励计划设计科学，实施到位，那就是一件令各方皆大欢喜的措施。

企业的原始股东作为公司的“控制者”，很难在行使控制权的同时再去行使管理权和经营权，一方面他们没有那么多的精力，另一方面他们也不是特别的擅长，相比之下，他们更愿意出资聘请职业经理人来做这些“琐碎”之事，而股东只要把职业经理人“管理”明白就好。一个合理的充满竞争性的股权激励方案是吸纳优秀职业经理人的前提，同时，在实施计划过程中还能有效地降低职业经理人可能出现的“道德风险”，科学地实现公司所有权与经营权的分离。特别是在“一股独大”的非上市企业中，公司的所有权和经营权高度统一，致使公司股东大会、董事会和监事会的“三会”制度成为一张虚设的白纸，无法行使，更不能发挥出其约束意义。公司的发展和壮大，必然的结果就是将公司的经营权逐渐转移到职业经理人的身上，而公司股东与职业经理人之间往往存在利益不同、根本目标不同、价值观不同等问题，使得他们之间会有冲突和矛盾，而股权激励计划的实施则更好地激励、约束、限制和引导了职业经理人的个人行为。

对于激励对象本人来说，股权激励是提高工作效率，提升业绩实现可能性，以及获得更多财富的有效措施。其实，换一种角度思考，作为员工，即使没有任何激励措施，努力工作并作出成绩是自己的本分，正如学习是学生的天职，学习好是学生的本分一个道理。而如果对员工的努力再附赠一份荣誉和收益，员工自然会欣然接受，甚至会超其所能去实现自己的价值。特别是在人才极度紧缺的当下，人才流动是难以避免的损失，非上市企业的“品牌知名度”远没有国企、央企、上市公司、外企等那样更令人向往，再加上薪酬上的“不给力”，中小企业等非上市机构想要吸纳和留住人才，股权激励是企业家们的一道必选题。

实践证明，股权激励计划的成功实施，能让企业激励对象的长期价值通过股权激励着实体现出来，员工的工作积极性得到大幅提高，带给企业的生产效率也会极速飙升，加之股权激励计划中的约束作用，无条件地增强了员工对企业的忠诚度，让员工像老板一样工作，不再是神话。

附录一

中国证监会股权激励有关事项备忘录1号

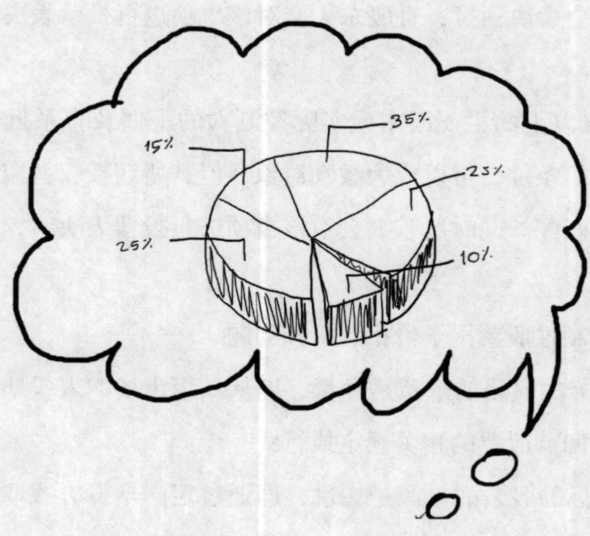

一、提取激励基金问题

1.如果标的股票的来源是存量，即从二级市场购入股票，则按照《公司法》关于回购股票的相关规定执行；

2.如果标的股票的来源是增量，即定向增发方式取得股票，则

（1）提取激励基金应符合现行法律法规、会计准则，并遵守公司章程及相关议事规程。

（2）提取的激励基金不得用于资助激励对象购买限制性股票或者行使股票期权。

二、主要股东、实际控制人成为激励对象问题

持股5%以上的主要股东或实际控制人原则上不得成为激励对象。除非经股东大会表决通过，且股东大会对该事项进行投票表决时，关联股东须回避表决。

持股5%以上的主要股东或实际控制人的配偶及直系近亲属若符合成为激励对象的条件，可以成为激励对象，但其所获授权益应关注是否与其所任职务相匹配。同时股东大会对该事项进行投票表决时，关联股东须回避表决。

三、限制性股票授予价格的折扣问题

1.如果标的股票的来源是存量，即从二级市场购入股票，则按照《公司法》关于回购股票的相关规定执行；

2.如果标的股票的来源是增量，即通过定向增发方式取得股票，其实质属于定向发行，则参照现行《上市公司证券发行管理办法》中有关定向增发的定价原则和锁定期要求确定价格和锁定期，同时考虑股权激励的激励效应。

（1）发行价格不低于定价基准日前20个交易日公司股票均价的50%；

（2）自股票授予日起十二个月内不得转让，激励对象为控股股东、

实际控制人的，自股票授予日起三十六个月内不得转让。

若低于上述标准，则需由公司在股权激励草案中充分分析和披露其对股东权益的摊薄影响，我部提交重组审核委员会讨论决定。

四、分期授予问题

若股权激励计划的授予方式为一次性授予，则授予数量应与其股本规模、激励对象人数等因素相匹配，不宜一次性授予太多，以充分体现长期激励的效应。

若股权激励计划的授予方式为分期授予，则须在每次授权前召开董事会，确定本次授权的权益数量、激励对象名单、授予价格等相关事宜，并披露本次授权情况的摘要。授予价格的定价基础以该次召开董事会并披露摘要情况前的市价为基准。其中区分不同的股权激励计划方式按以下原则确定：

1.如股权激励计划的方式是股票期权，授予价格按照《上市公司股权激励管理办法（试行）》第24条规定确定。

2.如股权激励计划的方式是限制性股票，授予价格定价原则遵循首次授予价格原则，若以后各期的授予价格定价原则与首次不一致的，则应重新履行申报程序。

预留股份的处理办法参照上述要求。

五、行权指标设定问题

公司设定的行权指标须考虑公司的业绩情况，原则上实行股权激励后的业绩指标（如：每股收益、加权净资产收益率和净利润增长率等）不低于历史水平。此外，鼓励公司同时采用下列指标：

（1）市值指标：如公司各考核期内的平均市值水平不低于同期市场综合指数或成份股指数；

（2）行业比较指标：如公司业绩指标不低于同行业平均水平。

六、授予日问题

公司的股权激励计划中须明确股票期权或者限制性股票的具体授予日期或授予日的确定方式、等待期或锁定期的起止日。若激励计划有授予条件，则授予日须确定在授权条件成就之后。

七、激励对象资格问题

激励对象不能同时参加两个或以上上市公司的股权激励计划。

八、股东大会投票方式问题

公司股东大会在对股权激励计划进行投票表决时，须在提供现场投票方式的同时，提供网络投票方式。

附录二

中国证监会股权激励有关事项备忘录2号

一、激励对象问题

1.上市公司监事会应当对激励对象名单予以核实并将核实情况在股东大会上予以说明。为确保上市公司监事独立性，充分发挥其监督作用，上市公司监事不得成为股权激励对象。

2.为充分发挥市场和社会监督作用，公司对外披露股权激励计划草案时，除预留部分外，激励对象为董事、高管人员的，须披露其姓名、职务、获授数量。除董事、高管人员外的其他激励对象，须通过证券交易所网站披露其姓名、职务。同时，公司须发布公告，提示投资者关注证券交易所网站披露内容。预留股份激励对象经董事会确认后，须参照上述要求进行披露。

二、股权激励与重大事件间隔期问题

1.上市公司发生《上市公司信息披露管理办法》第30条规定的重大事件，应当履行信息披露义务，在履行信息披露义务期间及履行信息披露义务完毕后30日内，不得推出股权激励计划草案。

2.上市公司提出增发新股、资产注入、发行可转债等重大事项动议至上述事项实施完毕后30日内，上市公司不得提出股权激励计划草案。增发新股、发行可转债实施完毕指所募集资金已经到位；资产注入实施完毕指相关产权过户手续办理完毕。

3.公司披露股权激励计划草案至股权激励计划经股东大会审议通过后30日内，上市公司不得进行增发新股、资产注入、发行可转债等重大事项。

三、股份来源问题

股东不得直接向激励对象赠予（或转让）股份。股东拟提供股份的，应当先将股份赠予（或转让）上市公司，并视为上市公司以零价格（或特定价格）向这部分股东定向回购股份。然后，按照经我会备案无异议的股权激励计划，由上市公司将股份授予激励对象。上市公司对回购股份的授予应符合《公司法》第143条规定，即必须在一年内将回购股份授予激励对象。

四、其他问题

1.公司根据自身情况，可设定适合于本公司的绩效考核指标。绩效考核指标应包含财务指标和非财务指标。绩效考核指标如涉及会计利润，应采用按新会计准则计算、扣除非经常性损益后的净利润。同时，期权成本应在经常性损益中列支。

2.董事会表决股权激励计划草案时，关联董事应予回避。

3.公司如无特殊原因，原则上不得预留股份。确有需要预留股份的，预留比例不得超过本次股权激励计划拟授予权益数量的百分之十。

4.上市公司应当在股权激励计划中明确规定，自公司股东大会审议通过股权激励计划之日起30日内，公司应当按相关规定召开董事会对激励对象进行授权，并完成登记、公告等相关程序。

附录三

中国证监会股权激励有关事项备忘录3号

一、股权激励计划的变更与撤销

1.为确保股权激励计划备案工作的严肃性，股权激励计划备案过程中，上市公司不可随意提出修改权益价格或激励方式。上市公司如拟修改权益价格或激励方式，应由董事会审议通过并公告撤销原股权激励计划的决议，同时上市公司应向中国证监会提交终止原股权激励计划备案的申请。

2.上市公司董事会审议通过撤销实施股权激励计划决议或股东大会审议未通过股权激励计划的，自决议公告之日起6个月内，上市公司董事会不得再次审议和披露股权激励计划草案。

二、股权激励会计处理

上市公司应根据股权激励计划设定的条件，采用恰当的估值技术，分别计算各期期权的单位公允价值；在每个资产负债表日，根据最新取得的可行权人数变动、业绩指标完成情况等后续信息，修正预计可行权的股票期权数量，并以此为依据确认各期应分摊的费用。

上市公司应在股权激励计划中明确说明股权激励会计处理方法，测算并列明实施股权激励计划对各期业绩的影响。

三、行权或解锁条件问题

上市公司股权激励计划应明确，股票期权等待期或限制性股票锁定期内，各年度归属于上市公司股东的净利润及归属于上市公司股东的扣除非经常性损益的净利润均不得低于授予日前最近三个会计年度的平均水平且不得为负。

四、行权安排问题

股权激励计划中不得设置上市公司发生控制权变更、合并、分立等情况下激励对象可以加速行权或提前解锁的条款。

五、同时采用两种激励方式问题

同时采用股票期权和限制性股票两种激励方式的上市公司，应当聘请独立财务顾问对其方案发表意见。

六、附条件授予权益问题

股权激励计划中明确规定授予权益条件的，上市公司应当在授予条件成就后30日内完成权益授权、登记、公告等相关程序。

七、激励对象范围合理性问题

董事、高级管理人员、核心技术（业务）人员以外人员成为激励对象的，上市公司应在股权激励计划备案材料中逐一分析其与上市公司业务或业绩的关联程度，说明其作为激励对象的合理性。